ALBUM DES ARTS

CATALOGUE DE

MÉDAILLES ANTIQUES

ET DE

MONNAIES DU MOYEN-AGE,

composant le Cabinet de feu

M. CAUER, de Villefranche.

1re Partie.

MÉDAILLES GRECQUES

... ET ROMAINES ...

L'ALBUM des ARTS

Commissaire-Priseur, rue d'Enghien, n° 32.

publique le Dimanche 7 Juin, à midi.

PARIS

ALBUM DES ARTS

1846.

Catalogue de Monnaies antiques et modernes, provenant de la collection de feu M. Faure, de Villefranche :

1° Monnaies romaines ; catal. rédigé par le bibliophile Jacob. Vente en mai.

2° Monnaies grecques ; catal. rédigé par M. Morel Fatio. Vente en mai.

3° Monnaies étrangères ; catal. rédigé par le même.

Catalogue de livres de numismatique, provenant du cabinet de M. Faure. Vente en mai.

Catalogue de monnaies françaises, rédigé par M. Fougères. Vente en juin.

Catalogue d'une collection de monnaies d'or impériales. Vente en juin.

Catalogue d'un choix de monnaies antiques et de monnaies étrangères, provenant de la vente du cabinet de M. Boucher de Crevecœur. Vente en mai.

Catalogue d'une riche collection d'armes anciennes ; précieuse suite des armes à feu depuis l'invention de la poudre à canon ; Armes offensives et défensives, cuirasses, casques, armures, etc., de tous les styles et de toutes les époques ; pierriers, arbalètes, fauconneaux, masses, traits, lances, hallebardes, épées, etc., etc.

Catalogue de tableaux anciens, de la collection de M. M., de Lyon. Vente le lundi 11 mai.

Catalogue de tableaux anciens, provenant du cabinet du docteur Ermerins, de Middelbourg, 2e partie.

Catalogue de Médailles romaines et byzantines, rapportées d'Afrique par M. d'Egremont, 2e partie, rédigée par M. Adrien de Longperier, premier employé au cabinet des Antiques de la Bibliothèque du roi.

Catalogues d'autographes, etc., de bronzes et camées antiques, etc.

Catalogues d'objets de haute curiosité, Meubles de luxe et tapisseries.

Et plusieurs autres Catalogues de livres, tableaux, médailles, etc.

ALLIANCE DES ARTS.

CATALOGUE

DE

MÉDAILLES ANTIQUES

ET DE

MONNAIES DU MOYEN-AGE,

Composant le Cabinet de feu

M. FAURE, DE VILLEFRANCHE.

1re Partie.

MONNAIES GRECQUES

décrites par M. Arnold MOREL-FATIO.

VENTE

LE LUNDI 8 JUIN 1846, ET JOURS SUIVANTS,

Dans les Salons de l'Alliance des Arts,

Me **JACQUIN**, Commissaire-Priseur, rue d'Enghien, n° 32.

Exposition publique le Dimanche 7 Juin, à midi.

PARIS

ADMINISTRATION DE L'ALLIANCE DES ARTS,

Rue Montmartre, 178.

1846.

PRÉFACE.

Depuis le catalogue du cabinet de M. de Magnoncourt, catalogue savamment rédigé par M. Adrien de Longpérier, on n'avait pas publié un catalogue de Médailles grecques aussi étendu, aussi intéressant que celui-ci. M. A. Morel-Fatio, qui a partagé ses études entre la numismatique grecque et la numismatique étrangère qu'il possède mieux que personne, a bien voulu se charger de la rédaction de ce Catalogue, et il en a fait, nous aimons à le dire, un véritable traité de numismatique ancienne. La description est détaillée et toujours très-exacte; la classification générale, pour être au niveau de la science, n'est pas toujours d'accord avec les travaux de Mionnet, que la critique a singulièrement perfectionnés depuis trente ans : cette classification témoigne d'une connaissance approfondie de l'histoire et en même temps d'une comparaison intelligente des signes monétaires.

Nous espérons que les numismates nous sauront gré du soin que nous prenons dans l'intérêt de la science, pour la rédaction de ces catalogues destinés à survivre aux ventes et à former par leur réunion une espèce de manuel, non moins utile que le grand et rare ouvrage de Mionnet.

Nous serions forcés de citer plus de trois cents articles de ce Catalogue, si nous voulions faire remarquer tout ce qu'il renferme de raretés ; nous nous en rapportons aux amateurs pour découvrir ces raretés au milieu des suites très complètes qui vont passer sous leurs yeux. Bornons-nous à indiquer, parmi ces suites, la série celtibérienne qu'on n'a pas vue souvent aussi nombreuse, la série des villes grecques, parmi lesquelles il ne faut pas oublier la jolie pièce de Pyrrhicos de Laconie, la série des rois du Bosphore qui ne paraît presque jamais dans les ventes, les séries d'Antioche et d'Alexandrie, qui n'offrent que des variétés choisies, etc. Nous signalerons aussi quelques pièces, telles que celle de Chalcis de Macédoine, celle de Pæonie, celle de Vologesès 1er, celle d'Amadocus, etc.

L'ensemble de la collection est des plus satisfaisants ; la conservation des pièces laisse peu de chose à désirer, lors même que le Catalogue ne les désigne pas comme belles, pour éviter l'abus des répétitions. Enfin, on reconnaîtra que cette collection grecque, acquise en grande partie chez M. Rollin, a été recueillie par un véritable amateur, lentement, patiemment, avec amour et pourtant avec modération, sans dépenses excessives, mais aussi sans lésinerie et sans trafic.

P. L. JACOB, Bibliophile.

CATALOGUE

DE

MONNAIES GRECQUES.

ESPAGNE.

1. Tête virile nue, à dr. ℟. HISPANORUM. Cavalier armé d'une lance, à dr. Æ. 5.

Lusitániæ.

2. *Emerita.* — PERM. IMP. CÆSARIS. AVG. P. P. Tête d'Auguste. A dr. ℟. EMERITA. Colon menant deux bœufs. Æ. 6.
3. — TI. CAESAR. AVGVSTVS. PON. MAX. IMP. Tête de Tibère à gauche. ℟. COL. AVGVSTA EMERITA. Porte de la ville. Æ. 7.

Bétique.

4. *Amba.* — VOC. ST. F. Tête laurée à dr. ℟. CN..... Bœuf marchant à dr. Æ. 6. *Deux pièces.*
5. *Abdera.* — Temple hexastyle. — Légende phénicienne entre deux poissons. Æ. 6.
6. *Acinipo.* — ACINIPO entre deux épis. ℟. Grappe de raisin. Æ. 6.
7. *Asido.* — Tête diadémée. ℟. Taureau surmonté d'un croissant. Æ. 4.
8. *Astapa.* — Tête jeune imberbe diadémée. Sphinx mitrée à dr.; devant, un astre. Dans l'exergue, une légende celtibérienne. Æ. 9. *Trois pièces.*
9. — Autre. Æ. 7.
10. — Autre avec une main devant la tête. Æ. 8.
11. *Carmo.* — Tête casquée à dr. ℟. CARMO entre deux épis. Æ. 9.
12. *Carteia.* — CARTEIA. Dauphin. ℟. IIII. VIR. D. D. Gouvernail. Æ. 4.
13. — CARTEI. C. MINI. Q. F. Dauphin. à dr. ℟. IIII. VIR. TER. Tête de Neptune. Æ. 4.
14. — GERMANICO. ET. DRVSO. Tête tourelée ℟. CAESARIBVS IIII VIR. CART. Au milieu du champ, un gouvernail. Æ. 4.
15. — CARTEIA. Tête de femme tourelée à dr. ℟. Neptune debout, le pied droit sur un rocher, tenant dans la main droite un dauphin, et de la gauche un trident. D. D. Æ. 6. *Deux pièces.*

16. *Corduba*. — Tête de Vénus diadémée. R CORDVBA. Cupidon
debout, nu et ailé tenant de la main droite un flambeau, et de là
gauche une corne d'abondance. Dans le champ, trois globules.
(*Quadrans*). Æ. 4.

17. *Patricia*. — PERM. CAES. AVG. Tête d'Auguste à gauche. R.
COLONIA PATRICIA dans une couronne de lauriers. Æ. 7.
Deux pièces.

18. — Même lég., même tête. R. COLONIA PATRICIA. Instruments
des sacrifices. Æ. 5. Deux pièces.

19. — PERMISSV. CAESARIS AVGVSTI. Tête nue d'Auguste à gauche.
R. COL. PATRIC. Aigle romaine entre deux enseignes militaires.
Æ. 9.

20. *Gades*. — Tête d'Hercule coiffé d'une peau de lion, massue.
R. Deux poissons, légende phénicienne. Æ. 8. Deux pièces.

21. — Tête d'Hercule à gauche. R. Deux poissons. Æ. 4.

22. *Ilipa*. — Epi. R. ILIPENSE. Poisson. Æ. 7.

23. *Orippo*. — IRITTO. Tête imberbe à gauche. R. Femme assise. Æ. 6. *Deux pièces*.

24. *Italica*. — IMP. TI. CAESAR. AVGVS. Tête de Tibère à droite.
R. PERM. DIVI. AVG. MVNIC. ITALIC. Un autel sur lequel est écrit :
PROVIDENTIAE AVGVSTI. Æ. 8.

25. *Julia Traducta*. — PERM. CAES..... R. IVLIA. TRAD. en deux
lignes au milieu d'une couronne. Æ. 6.

26. *Malaca*. — Tête de Cabire barbue et coiffée d'un bonnet. Derrière, une tenaille ; légende phénicienne. R. Etoile dans une couronne. Æ. 6.
(Gésénius. Pl. 41. C.)

27. — Tête de Cabire à droite, tenaille et légende phénicienne ; le
tout dans une couronne. R. Tête radiée. Ibid. Pl. 41. A. Æ. 6.

28. *Obulco*. — Aigle. R. Bœuf marchant. Æ. 5.

29. — OBVLCO. Tête de femme à droite. R. Inscription celtibérienne en deux lignes. Entre une charrue et un épi. Æ. 8 et 7.
Deux pièces.

30. — OBVLCO. Tête de femme. Inscription en une seule ligne entre
une charrue et un épi. Æ. 8.

31. *Oset*. — OSSET. Tête imberbe à droite. R. Un homme nu debout tenant de la main droite une grappe de raisin. Æ. 6.

32. *Romula*. — COL. ROM. PERM. DIVI. AVG. Tête de Tibère laurée à
droite. R. DRVSVS CAESAR GERMANICVS CAESAR. Têtes nues et
affrontées de Drusus, fils de Tibère, et de Germanicus. Æ. 7.

33. *Sacili*. — Tête imberbe à droite. R. Cavalier casqué à droite et
portant un rameau. Légende celtibérienne (de Saulcy. 59). Æ. 7.

34. *Sexti*. — Tête d'Hercule à gauche ; derrière une massue. R.
Entre deux poissons une légende phénicienne ; astre (Gésénius.
Pl. XL. A.). Æ. 7.

35. *Urso.* — Tête imberbe à droite; dauphin. ℞. Cavalier à droite, légende celtibérienne (de Saulcy. 54). Æ. 6.

Tarragonaise.

36. *Bilbilis.* — Tête d'Auguste. ℞.... AVGVSTA BILBILIS. .... SEMP. RVTILO. Dans une couronne II. VIR. Æ. 8.

37. — AVGVSTVS. DIVI. F. Tête d'Auguste laurée à droite. ℞. BILBILIS. Cavalier armé d'une lance galopant à droite. Æ. 8.

38. — TI. CAESAR. DIVI. AVGVSTI. F. AVGVSTVS. Tête laurée de Tibère à droite. ℞. MV. AVGVSTA. BILBILIS. G. POM. CAPE. II. G. VALE. TRANQ. Au milieu d'une couronne civique. II. VIR. Æ. 8.

39. — Tête imberbe à droite. ℞. Cavalier à droite, légende celtibérienne (de Saulcy. n. 24). Æ. 7.

40. *Caesar Augusta.*—AVGVSTVS. DIVI. F. Tête laurée d'Auguste entre le *simpulum* et le *lituus.* ℞. CAESAR. AVG.... MAN. KANINIO. ITER. L. T.... Dans l'exergue II. VIR. Colon conduisant deux bœufs. Æ. 8.

41. — Même légende, même tête. ℞. CAESAR. AVGVSTA. Q. LVTAT. M. FABI. Dans l'exergue. II. VIR. Colon conduisant deux bœufs. Æ. 8.

42. — ...... DIVI. AVG. F. AVGVSTVS. Tête de Tibère à dr. ℞. CLEMENTE. ET. LVCRETIO... II. VIR. Aigle légionnaire entre deux enseignes. C. A. Dans le champ. Æ. 5.

43. — C. CAESAR. AVG. GERMANICVS. IMP. Tête laurée de Caligula à gauche. ℞. LICINIANO ET GERMANO II. VIR. Colon conduisant deux bœufs attelés. Dans le champ. C. C. A. Æ. 8.

44. *Calagurris.* — Tête à gauche. ℞. M. C. F. Femme sur un taureau courant de gauche à droite. Æ. 4.

45. *Carthago Nova.* — Quadrige. ℞. Temple tétrastyle..... QVINQVE.... Sur le fronton AVGVSTO. Æ. 7.

46. — TI. CAESAR. DIVI. AVGVSTI. F. AVGVSTVS. P. M. Tête de Tibère à gauche. ℞. NERO ET DRVSVS CAESARES QVINQ. C. V. I. N. C. Têtes nues affrontées de Néron et Drusus. Æ. 8.

47. — TI. CAESAR. DIVI. AVG. F. AVGVS. P. M. Tête laurée de Tibère à gauche. ℞. C. CAESAR. TI. N. QVINQ. IN. V. I. N. K. Tête de Caligula à gauche. Æ. 8.

48. *Celsa.* — Tête imberbe à dr., poissons. ℞. Cavalier en course à dr., casqué et tenant une palme. Légende celtibérienne. Æ. 8.

49. — COL. VI. CELSA. Tête nue d'Auguste à dr. ℞. L. POMPE. BVCCO. L. CORNE. FRONT. Bœuf debout à dr. Æ. 8.

50. — AVGVSTVS. DIVI. F. Tête d'Auguste à dr. ℞. C. V. I. CEL. L. SVRA L. BVCCO. II. VIR. Bœuf debout à dr., dessus, la lettre R en contremarque. Æ. 8.

51. *Clunia*. — TI. CAESAR. AVG. F. AVGVSTVS. IMP. Tête laurée
de Tibère à dr. ℞. GN. POMP. M. AVO. T. ANTO. M. IVL. SERAN.
IIII. VIR. Bœuf debout à gauche ; au-dessus CLVNIA. Æ. 8.

52. *Ilercavonia*. — .... AVGVSTVS. Tête de Tibère à dr. ℞.
M. HI. ILERCAVONIA. DERT. Vaisseau à la voile. Æ. 6.

53. *Emporium*. — Tête casquée à dr. ℞. Q. C. CAT. C. O. C...
℞. Pégase. EMPOR. Æ. 8.

54. — Q. CN. C. S. R. L. C. F. Même type. ℞. EMPORI. Pégase.
Æ. 8.

55. — Q. COCC. MA. Même type. ℞. EMPOR. Pégase. Æ. 8.

56. *Ilerda*. — AVGVST. DIVI. F. Tête d'Auguste à dr. ℞. ILERDA.
Louve à dr. Æ. 6.

57. Tête imberbe à dr. ℞. Louve. Legende celtibérienne. Æ. 6.

58. — Tête imberbe, épi ou palme. ℞. Cavalier tenant une palme
(ibid, nº 103). Æ.

59. — Même tête entourée de trois dauphins. ℞. Même type
(ibid, nº 28). Æ. 8.

60. *Ilici*. — AVGVSTVS. DIVI. F. Auguste à dr. ℞. Q. PAPIR. CAR.
Q. TERE. MONT. II. VIR. C. I. IL. A. Un temple sur le fronton
duquel on lit IVNONI. Æ. 6.

61. *Osca*. — AUG. DIVI. F. Tête d'Auguste à dr. ℞. V. V. OSCA.
Cavalier armé d'une lance et galopant à dr. Æ. 7.

62. — C. CAESAR. AVG. GERM. P. M. TR. POT. COS. Caligula à
dr. ℞. G. TARRACINA. P. PRISCO. II. VIR. VRBS. VICT. Dans
une couronne OSCA. Æ. 8.

63. *Saguntum*. — TI CAESAR. DIVI. AVG. F. AVG. Tête de Tibère
à dr. ℞. SAG. Vaisseau ; à l'entour L. SEM. GEMINO. L. VAL. SVRA.
II. VIR. Æ. 8.

64. *Segobriga*. — Tête imberbe à dr. entre un épi et un dauphin. ℞. SEGOBRIGA. Cavalier armé d'une lance, galopant à dr.
Æ. 6.

65. — TI. CAESAR. DIV. AVG. F. AVGVST. IMP. VIII. Tibère à dr.
℞. SEGOBRIGA dans une couronne. Æ. 5.

66. — Même légende. Tête de Tibère à gauche. ℞. Même type
et même légende que le numéro précédent. Æ. 8.

67. *Tarraco*. — Tête de Tibère à droite. ℞. Têtes nues et affrontées de Drusus et Germanicus. Æ. 6.

68. *Turiaso*. — IMP. AVGVSTVS. PATER. PATRIAE. Tête d'Auguste
à droite. ℞. L. MARIO. L. NOVIO. MVN. TVRIASO. Au milieu
d'une couronne de chêne II. VIR. Æ. 8.

69. — TI. CAESAR. AVG. F. IMP. PONT. M. Tête de Tibère laurée
à dr. ℞. MV. TVR. C. MARI. VEGETO. II. VIR. M. PONT. MARSO.
Bœuf à dr. Æ. 8.

70. — TI. CAESAR AVGVST.... Tête laurée de Tibère à dr. ℞. MV.
TVR. C. CAEC. SERE. M. VAL. II. VIR. Bœuf debout à dr. Æ. 8.

71. *Valentia.* — C. LVCIEN. C. MVNI. Q. Tête de Pallas casquée. R̸. VALENTIA. Foudre et corne d'abondance. Æ. 8.

72. *Hispalenses.* — Tête imberbe à droite. R̸. cavalier à droite. Légende celtibérienne (de Saulcy. n° 37). Æ. 7.

73 *Segisama.* — ME. Tête imberbe à droite, dauphin. R̸. Cavalier à droite tenant une palme. Légende celtibérienne (ibid. n° 131). Æ. 8.

74. — Tête entre deux dauphins. R̸. Cavalier à droite. Même légende. Æ. 6.

75. *Nerii.* — Tête à droite. R̸. Taureau courant; au-dessus une couronne. Légende celtibérienne (ibid. n° 105). Æ. 6.

76. *Setisacum* — Tête à droite, dauphin. R̸. Cavalier tenant une palme. Légende celtibérienne (ibid. n° 102). Æ. 6.

77. *Cissa.* — Tête imberbe à droite. Epi. R̸. Cheval. Légende (ibid. n° 83). Æ. 4.

78. *Savia.* — Tête, sceptre. R̸. Cavalier tenant une palme. Légende celtibérienne (ibid. n° 75). Æ. 9.

79. — Tête ornée d'un bandeau. R̸. Cheval bridé, au-dessus un croissant. Légende celtibérienne (ibid. n° 75). Æ. 5.

80. *Orisia* — Tête barbue à droite. R̸. Cavalier casqué armé d'une lance, galopant à droite. Légende (ibid. n° 55). Æ. 5.

81. *Incertaine.* — Tête à droite. R̸. Cavalier armé d'une lance. Légende celtibérienne (de Saulcy, n° 142). Æ. 6.

GAULE.

Narbonnaise.

82. *Cabellio.* — COL. Tête casquée. R̸. CABE. Tête de femme, autour une couronne. Æ. 3. *Deux pièces variées.*

83. *Massilia.* — Tête d'Apollon à gauche. R̸. Taureau cornupète. Æ. 6. *Deux pièces.*

84. — Tête casquée à droite. R̸. MÁΣΣΑ. Trépied, astre. Æ. 6. *Deux pièces.*

85. — Tête de femme à droite. R̸. Taureau, caducée. Æ 2 1/2. *Six pièces variées.*

86. — Tête de Diane à droite. R̸. ΜΑΣΣΑ. Lion marchant, au bas ΚΠΑ. AR. 4.

87. — Autre avec AHX dans l'exergue. AR, 4.

88. — Autre. R̸. ΜΑΣΣΑΛΙΗΤΩΝ. Lion. AR. 4

89. — Autre avec ΠK au revers. AR. 4.

90. — Autre avec N. AR. 4.

91. — Tête à gauche. R̸. MA dans les rayons d'une roue. AR. 1. *Quatre pièces.*

92. *Volcae Arecomici.* — VOLCAE. Tête de femme à droite. R̸. AREC figure debout. Æ 3. Deux pièces.

93. *Nemausus.* — S. Tête casquée à droite. ℞. NEM. COL. Femme debout sacrifiant. Æ. 4.

Lyonnaise.

94. *Remi.* — Têtes des trois Gaules accolées, à gauche. ℞. REMO. Figure dans un bige allant de droite à gauche. Æ. 3. Deux pièces.

95. — Tête imberbe nue, à droite. ℞. GERMANVS INDVTILIS. Taureau marchant à gauche. Æ. 4.

ITALIE SUPÉRIEURE.

96. *Ravenna.* — FELIX RAYENNA. Buste de femme tourrelée à droite. Monogramme de Ravenne au milieu d'une couronne de laurier. Æ. 4.

Etrurie.

97. *Graviscæ.* — Tête de Jupiter laurée à droite. ℞. ΓΡΑ. Deux aigles debout sur un foudre à droite, trois globules. (*Quadrans.*) Æ. 3.

98. *Veientum.* — Tête imberbe à droite. ℞. PEIΘESV. Chouette de face. Æ. 3.

Umbrie.

99. *Tuder.* — Tête cornue du dieu Pan à droite. ℞. TVTERE rétrogradé, corne d'abondance, épis de feuilles. Æ. 2 1/2.

Picenum.

100. *Hadria.* — Tête de Bacchus à droite. ℞. Le signe H sans légende. Æ. 2 1/2.

Maruccini.

101. *Teate.* — Tête de Pallas casquée. ℞. TI. Chouette à droite. Æ. 4.

102. — Tête de Pallas casquée à droite, cinq globules. ℞. TIATI. Chouette sur un chapiteau. Cinq globules. Æ. 7.

Samnium.

103. *Æsernia.* VULCANOM. Tête de Vulcain à gauche ; derrière tenailles ℞. AISERNINO, figure conduisant un bige à droite. Æ. 5. Bonne conservation.

Frentani.

104. *Larinum.* — Tête d'Hercule à droite. ℞. LADINOD. Centaure en course à droite, tenant un arbre sur son épaule. Dans l'exergue trois globules. (*Quadrans.*) Æ. 4.

Campanie.

105. *Atella.* — Tête laurée de Jupiter à droite ; derrière deux globules.—℞. AΘERN (en caractères *osques* rétrogrades). Deux figures debout, le pallium rejeté en arrière tenant dans la main droite un bâton, et de la gauche une truie. (*Sextans.* Æ 7.

106. *Cales.* — CALENO. Tête d'Apollon à gauche. ℞ CALENO. Bœuf à figure humaine marchant à droite, astre. Æ. 4. *Deux pièces*

107. — Tête de Pallas casquée à gauche. ℞. CALENO. Coq à droite, astre. Æ. 4. *Deux pièces.*

108. *Capua.* — Tête de Jupiter à droite. ℞. Victoire couronnant un trophée, légende osque. Æ. 5.

109. *Cupelterini.* — KVΠEΛTEPNVM. En caractères rétrogrades. Tête laurée d'Apollon à droite. ℞. Bœuf à figure humaine à droite, couronné par une Victoire. Æ. 5.

110. *Neapolis.* — NEOΠOΛITΩN. Tête laurée d'Apollon à droite. ℞. Bœuf à figure humaine couronné par la Victoire. Au-dessous IΣ. Æ. 4.

111. Autre avec IΣ dans l'exergue du revers. Æ. 4.

112. Tête laurée d'Apollon à gauche. ℞. NEOΓOΛITΩN. Partie antérieure d'un bœuf à figure humaine à droite. Æ. 2.

113. Tête laurée d'Apollon à droite. ℞. NEOΠOΛITΩN. Lyre et Cortine. Æ. 4.

114. — Tête laurée d'Apollon à gauche. ℞. NEOΠOΛITΩN. Trépied. Æ. 3.

115. — Même type à droite. ℞. Bœuf à figure humaine, couronné par la Victoire. ℞. 4.

116. — Tête de femme à gauche, cheveux retroussés et retenus par un large bandeau. ℞. Comme le précédent, Au-dessous EIII. AR. 4.

116 *bis.* — Tête de femme à droite, entourée de poissons. ℞. NEOΠOΛIT... Bœuf à figure humaine couronné par la Victoire; Dans le champ. YM. Æ. 4. *Deux pièces.*

117. *Nuceria.* — Tête d'Apollon laurée à droite. ℞. NOYKPINΩN. Cheval à gauche, astre. Æ. 5.

118. *Suessa.* Tête laurée d'Apollon à gauche. ℞. ΣYEΣANO. Bœuf à figure humaine couronné par la Victoire. Æ. 5.

119. — Tête de Pallas à gauche. ℞. ΣVEΣANO. Coq, astre. Æ. 4.

120. *Teanum.*—Tête de Pallas à gauche. ℞. TIANO. Coq, astre. Æ. 4.

121. *Incertaine.* — Tête à gauche. ℞. ROMANO. Lion marchant à droite. Æ. 5.

122. — Tête de Pallas casquée à gauche. ℞. ROMMOC. ?

123. — Tête de Mars casquée à droite; derrière X. ℞. ROMA. Tête de cheval à droite. Æ. 3.

124. — Tête laurée d'Apollon à droite. ℞. ROMA. Cheval en course à gauche. Æ. 3.

125. — Tête de Mars casquée à droite. ℞. Cheval à droite; au-dessus une massue. Æ. 3.

126. — Tête d'Hercule coiffée de la dépouille d'un lion ; à droite,
massue. ℞. ROMA. Pégase à droite ; au-dessus une massue·
Æ. 4.

Apulie.

127. *Arpi.* — Tête laurée de Jupiter à gauche. ℞. APIIA. Cheval nu à droite ; au-dessus un astre. Æ 4.

128. Même tête ℞. APIIANΩ. Sanglier courant à droite ; au-dessus un fer de lance. Æ. 5.

129. — ΠΥΛΛΟΥ. Taureau cornupète à droite. ℞. APIIANOΥ. Cheval en liberté à droite. Æ. 5.

130. *Asculum.* — Tête d'Hercule imberbe à gauche. ℞. Victoire debout à droite tenant une palme. Æ. 4.

131. *Barium.* — Tête laurée de Jupiter à droite. ℞. Cupidon sur une proue de vaisseau lançant une flèche. Æ. 3.

132. *Cœlium.* — Tête de Pallas à droite ; au-dessus deux globules. ℞. Victoire marchant à gauche chargée d'un trophée. Æ. 4.

133. Tête imberbe casquée à droite. Æ. KAIAI. Les Dioscures galopant à droite. Æ. 2.

134. *Hyrium.* — Tête de femme à gauche. ℞. ...NIOΥ Bœuf à figure humaine à droite. Æ. 4.

135. *Luceria.* — Tête d'Hercule couverte de la peau du lion, à droite derrière quatre globules. (*Triens*) ℞. LOVCERI. carquois, arc et massue. Æ. 6.

136. *Salapia.* — ΞΑΛΑΠΙΝΩΝ. Tête d'Apollon laurée à droite. ℞. ΠΥΛΛΟΥ. Cheval en course à droite surmonté d'un trident. Æ. 5.

137. *Rubastini.* —ΓPO.CE... Tête laurée de Jupiter à droite. ℞. PΥ. femme debout tenant dans la main droite une couronne et de la gauche une corne d'abondance. Æ. 3.

Calabre.

138. *Brundusium.* — Tête de Neptune à droite. ℞. BRVN. Figure virile sur un dauphin, tenant dans la droite une victoire et dans la gauche une lyre. Dans le champ, S. *Semis.* Æ. 4.
Deux pièces variées.

139. *Butuntum.* — Coquille. ℞. Figure virile nue sur un dauphin tenant le *diota* de la main droite et une massue de la gauche. BΥTONTINΩN. Æ. 3.

140. *Tarentum* — ΔI. Cavalier combattant avec la lance. ℞. TAP. Taras sur le dauphin tenant à la main droite un *diota*, dans la gauche un trident. Dans le champ un petit tête. AR. 4.

141. — ΞΩ. Cavalier qui se couronne, au-dessous du cheval un chapiteau et la légende ΣΑΛΩ. ℞. AMΦ. Figure voilée sur le dauphin et tenant dans la droite *l'acrostolium* et dans la gauche une grenouille. Au bas TAPAΣ. AR. 6.

142. — Tête de Jupiter laurée à droite. ℞. TAPANTI... Victoire érigeant un trophée. Æ. 4.

142 *bis*. — Pétoncle. ℞. Taras sur le dauphin et portant une palme. AR. 1.

142 *ter*. — Tête casquée à droite. ℞ ΞOP. Chouette, massue. AR. 3.

143. — Pétoncle. ℞ TAPAΣ. Taras sur le dauphin avec le *diota* et une corne d'abondance. Æ. 3.

144. — ΣA. Cavalier nu à droite couronnant son cheval au-dessous ΦIΛIAPXOΣ. en deux lignes. ℞. TAPAΣ. Taras sur le dauphin à gauche tenant dans la main droite une grappe de raisin. AR 5.

145. — ΔI. Cavalier casqué à droite. ℞. Taras sur le dauphin, le trident sur l'épaule droite et couronné par la victoire. AR. 4.

146. — Cavalier nu à droite, couronné par la victoire. ℞ TAPAΣ. Taras sur le dauphin, à droite tenant une corne d'abondance et le trident sous le bras gauche. Derrière un monogramme. AR. 4

147. *Uxentum*. — Tête de Pallas casquée à droite. ℞. OΞAN Hercule debout, la main droite sur la massue et tenant de la main gauche une corne d'abondance. Æ. 4.

Japygie.

148. *Hyria*. — Tête de Mercure à dr. ℞. ORRA. Aigle sur un foudre. Æ. 4.

149. — Tête d'Apollon à droite. ℞. ORRA. L'Amour jouant de la lyre. Cinq globules. Æ. 3. (*Quincunx*).

Lucanie.

150. — Tête d'Hercule à droite. ℞. ΛYKIANΩN. Minerve marchant à droite et se retournant, le bras gauche armé d'un bouclier, et une lance sur l'épaule gauche. Æ. 6.

151. *Heraclea*. — Tête de Pallas avec un casque orné d'un triton. ℞. ΣI. Hercule debout étouffant le lion. Dans le champ une massue. AR. 2.

152. — Tête d'Hercule jeune, couvert de la peau du lion. ℞. HE. Lion courant à droite. Æ. 2

153. — Comme le n. 151. ℞. Hercule à genoux étouffant un lion. AR. 2.

154. — Même tête à gauche. ℞. Comme le précédent. AR. 2.

155. — Tête casquée à droite. ℞. HPAKΛEIΩN. Hercule debout, une couronne dans la main droite, et la massue sur le bras gauche. Æ. 2.

156. Même type. — ℞. HPAKΛEIΩN. Femme terminée en poisson armé d'une lance, à droite ; au dessus une étoile. Æ. 3.

157. *Metapontum*. — Tête imberbe à dr. ℞. MET. Deux épis. Æ. 3.

158. — Tête radiée de face. ℞. ME. Trois grains d'orge posés en triangle. Æ. 2.

159. — Pallas combattant à gauche. ℞. META. Chouette, palme. Æ. 2.

160. — Tête d'Apollon laurée à droite. ℞. META. Épi. Æ. 4.

161. — Tête de Pallas casquée à droite. ℞. META Epi. AR. 2.

162. — *Posidonia.* ΠΟΣΕΙΔ. Taureau cornupète à gauche. ℞. ΠΟΣΕΙΔΑΝ. Neptune combattant à droite; dauphin. AR. 3.

163. *Paestum.* — Tête laurée de Jupiter à droite. ℞. ΓΙΙSTAN. Amour sur un dauphin. Æ. 4.

164. — Tête casquée à droite, globule. ℞. ΠAIS. Epi, massue et globule. (*Uncia*). Æ. 2.

165. — Tête de Cérès couronné d'épis. ℞. ΠAIS. Partie antérieure d'un sanglier, deux globules. Æ. 4.

166. — AP. COMIN. II. VIR. ℞. ΠAIS. Sanglier à droite, dans le champ S. Æ. 3. (*Semis*).

167. — Tête de Diane à droite, derrière quatre globules. ℞. ΠAES. Corne d'abondance, quatre globules. Æ. 4. (*Triens*).

168. *Thurium.* — Tête d'Apollon laurée à gauche. ℞. ΘΟΥΡΙΩΝ. Trépied. Æ. 3.

169. — Tête de Pallas à droite avec un casque orné d'olivier. ℞. ΘΟΥΡΙΩΝ. Taureau marchant à droite. AR. 4.

170. — Pallas avec un casque orné d'un triton, à droite; ℞. ΘΟΥΡΙΩΝ. Bœuf cornupète à droite, dans l'exergue, un poisson. AR. 5.

171. — Tête de Pallas avec un casque orné d'olivier à droite. ℞. ΘΟΥΡΙ. Bœuf cornupète à gauche, au dessous un poisson. AR. 2.

172. — *Velia.* Tête de Pallas avec un casque orné d'un griffon derrière. IE, dans un carré. ℞. Lion dévorant un cerf. AR. 4.

173. — ΥΕΛΗ. Chouette sur une branche d'olivier. ℞. Tête de femme à gauche. AR. 4.

174. — Tête de Pallas à droite. ℞. Lion à droite. AR. 5.

175. — Même tête entre les lettres Α et Φ. ℞. ΥΕΛΗΤΩΝ. Lion à droite; au dessus un dauphin et la lettre Φ. AR. 5. *Très belle.*

176. — Même tête à gauche; derrière Σ. ℞. Lion dévorant un objet indéterminé, monogramme. AR. 4.

177. — Tête d'Hercule jeune à droite. ℞. ΥΕΑ. Chouette sur une branche de laurier. Æ. 3.

178. — Tête de Jupiter à droite. ℞. Chouette éployée. Æ. 3.

Bruttium.

179. — Tête de Mars à gauche dans une couronne de laurier. Æ. ΒΡΕΤΤΙΩΝ. Pallas armée d'un bouclier et d'une lance combattant; dans le champ la lettre Ξ, une lyre. Æ. 7. *Belle.*

180. — Tête de Mars à gauche. ℞. ΒΡΕΤΤΙΩΝ. Comme le précédent, au lieu de la lyre une grappe de raisin. Æ. 7. *Belle pièce.*

181. — Même tête. ℞. ΒΡΕΤΤΙΩΝ. Même type; dans le champ une couronne. Æ. 7.

182. — Tête d'Hercule jeune à droite. ℞. BPETTIΩN. Même type que les précédents, dans le champ une charrue. Æ. 7.

183. — Tête de Jupiter à droite dans un grénetis. ℞. BPETTIΩN. Aigle éployé à gauche. Æ. 6. *Deux pièces.*

184. — Même tête. ℞. BPETTIΩN. Guerrier combattant à droite. Æ. 6. *Deux pièces.*

185. Tête de Mars casquée à gauche. ℞. BPETTIΩN. Victoire debout tenant dans la main gauche une palme et couronnant de la droite un trophée. Æ. 7.

186. — Même tête; au-dessous un foudre. ℞.... TTIΩN. Victoire couronnant un trophée, dans le champ le signe T et une corne d'abondance. Æ. 7.

187. — NIKA. Tête de la Victoire à gauche. ℞. BPETTIΩN. Jupiter lançant la foudre; à droite dans le champ, une corne d'abondance. Æ. 4.

188. — Tête imberbe à gauche; un crabe posé sur le côté de la tête. ℞. BPETTIΩN. Crabe. Æ. 3. *Deux pièces.*

189. *Croton* — Aigle sur un foudre. ℞. QPO. Trépied, épi. AR 5.

190. — Trépied. ℞. Même légende. AR. 4.

191. — QPOT. Aigle sur un chapiteau d'ordre ionique. ℞. ΞM. Trépied, grain d'orge. AR. 5.

192. QPO. Trépied en relief, cigogne. ℞. Trépied en creux. AR. 5.

193. — Tête d'Hercule jeune à droite. ℞. Aigle à droite dévorant un serpent. Æ. 3.

194. — Autre. Æ 4.

195. *Hipponium.* — Tête de Pallas à droite. ℞. 'ΙΠΩΝΙΕΩΝ. La Victoire debout armée d'une lance. Æ. 6.

196. *Valentia.* — Tête de Junon à droite, ceinte d'un diadème; derrière le signe S. ℞. VALENTIA. Double corne d'abondance dans le champ S et une étoile. Æ. 4.

197. — Tête de Jupiter laurée à droite; derrière I. ℞. VALENTIA. Foudre ailé, au-dessus un astre, et la marque I. Æ. 6.

198. *Locri.* — Tête de Pallas casquée à droite; ℞. Derrière ΛΕΥ. ℞. ΛΟΚΡΩΝ. Femme assise sur un siège tenant une patère dans sa main droite et un pavot dans la gauche; dans le champ deux étoiles. Æ. 7.

199. — Les têtes des Dioscures surmontées de deux étoiles. ℞. ΛΟΚΡΩΝ. Jupiter assis à gauche; derrière lui dans le champ une corne d'abondance. Æ. 4.

200. — Même type. ℞. ΛΟΚΡΩΝ. Figure debout appuyée sur une lance. Æ. 3.

201. — Tête de Pallas casquée à droite. ℞. ΛΟΚΡ ΓΡΑ. Grappe de raisin. Æ. 3.

202. *Petelia.* — Tête d'Apollon laurée à droite; derrière deux

globules. ℞. Diane marchant à gauche, tenant un flambeau de la main droite, devant elle un caducée. Æ. 3.

203. — Tête de femme voilée à droite. ℞. Jupiter nu, lançant la foudre de la main droite, tenant la haste dans la gauche, d'un côté une étoile, de l'autre la lettre H. Æ. 4.

204. *Rhegium*. — Tête d'Apollon à gauche. ℞. Muffle de lion. Æ. 5.

205. — Tête de Diane à droite. ℞. PHΓINΩN. Lyre. Æ. 5.

206. — Tête d'Apollon à gauche. ℞. PHΓINΩN. Trépied. Æ. 5.

207. Tête d'Apollon.. ℞. PHΓINΩN. Lyre. Æ. 3.

208. — Tête de Diane à droite avec le carquois sur l'épaule. ℞. PHΓINΩN. Lyre; dans le champ une corne d'abondance. Æ. 6.

209. — Tête d'Apollon à droite. ℞. Muffle de lion de face. Æ. 4.

210. — Double tête imberbe surmontée du *Modius*. ℞. PHΓINΩN. Jupiter assis sur une chaise à gauche; la droite appuyée sur la haste; dans le champ II. Æ. 7.

211. *Terina*. — Tête de femme à gauche. ℞. La Victoire assise à gauche. Æ. 3.

212. — Mêmes types. AR. 2.

SICILE.

213. *Agrigentum*. — Aigle à gauche AKPAΓANTOΣ. ℞. Crabe dessous. A+ꓱ. AR. 4.

214. — Aigle déchirant un lièvre. ℞. Crabe, Thon; au dessous trois globules. Æ. 5.

215. — Même type à gauche. ℞. Crabe, monstre marin. Æ. 7.

216. — Tête de Diane à gauche. ℞. Aigle sur un chapiteau. Crabe. Æ. 7.

217. — Tête d'Hercule barbue, à gauche. ℞. Aigle à gauche déchirant un lièvre. Æ. 4.

218. — Tête laurée d'Apollon à droite. ℞. AKPAΓANTINΩN. Trépied. Æ. 5.

219. — Tête laurée à droite. ℞. AKPAΓANTINΩN. Figure nue marchant à droite, agitant un javelot de la main droite, et le bras gauche entortillé d'un serpent. Æ. 6.

220. *Aetnei*. — Tête de Silène à droite. ℞. AITN. Fleuron Æ. 2.

221. — Tête radiée du soleil à droite. ℞. AITNAIΩN. Figure militaire debout armée de la haste. Æ. 4.

222. *Alaesa*. — Tête de Jupiter laurée à gauche. ℞. AΛAIΣΛΣ. Aigle. Æ. 5.

223. *Catana*. — KATANAIΩN. Tête de Jupiter Ammon. ℞. Femme debout tenant de la droite une balance, et de la gauche une corne d'abondance; dans le champ trois monogrammes. Æ. 5.

224. — Tête de Janus coiffée du *Modius*. ℞. KAT. Une femme

debout tenant de la droite deux épis, et de la gauche un flambeau.
Æ. 6.

225. — Tête de Silène à droite. ℞. Grappe de raisin. Æ. 2.

226. — ΛΑΣΙΟ. Tête de Bacchus couronnée de pampres, à droite; dans le champ un monogramme. ℞. ΚΑΤΑΝΑΙΩΝ. Amphinomus et Anapias sauvant leurs parens. Æ. 5.

227. — Tête d'Apollon laurée à gauche, derrière. E. ℞... ΝΑΙΩΝ. Femme debout à droite, tenant un oiseau ; dans le champ. Π. Æ. 3.

228. — Tête de Sérapis laurée et radiée à droite. ℞. ΚΑΤΑΝΑΙΩΝ. Isis debout, la *Persea* sur la tête, tenant de la droite la haste ; dans le champ à gauche Harpocrate debout et trois monogrammes. Æ. 7.
Belle pièce.

229. *Calacte.* — Tête de Pallas casquée à droite, derrière épi. ℞. ΚΑΛΑΚΤΙΝΩΝ. Chouette sur une Amphore. Æ. 5.

230. — *Camarina.* — ΚΑΜΑΡΙΝΑΙΩΝ. Tête casquée à gauche. ℞. Cheval en course à gauche. Æ. 3.

231. *Centuripae.* — Tête laurée de Jupiter à droite. ℞. ΚΕΝΤΟ-ΡΙΠΙΝΩΝ. Foudre ailée.
Deux pièces.

232. — Autre. Æ. 7.

233. — Tête de Cérès à droite, derrière un épi. ℞. ΚΕΝΤΟΡΙ-ΠΙΝΩΝ. Oiseau sur une charrue. Æ. 4.
Deux pièces.

234. — *Enna.* ΕΝΝΑΙΩΝ. Homme debout couvert du *Pallium* et armé d'une haste. ℞. Deux serpents attelés à une charrue à droite; dans le champ un épi ou fer de lance. Æ. 5.

234 bis. *Caena.* — Cheval courant à gauche. ℞. Grillon. Æ. 5.

235. *Gélas.* — ϹΕΛΑΣ. Partie antérieure d'un bœuf à face humaine à droite. ℞. Figure conduisant un bige couronné par la victoire à droite. AR. 7.

236. — Tête juvénile à droite, contremarque. ℞. Guerrier marchant la main droite armée d'un glaive, et saisissant par les cornes de la gauche un bélier courant à droite. Monogramme. Æ. 5.

237. *Hybla Magna.* — Tête de femme surmontée du *Modius*, à droite. ℞. ΥΒΛΑΣ ΜΕΓΑΛΑΣ. Bacchus debout vêtu d'une tunique, tenant le *diota.* Æ. 5.

238. *Leontini.* — Têtes accolées, l'une barbue, l'autre imberbe à droite. ℞. ΛΕΟΝΤΙΝΩΝ. Deux épis liés ensemble. Æ. 3.

239. — Tête d'Apollon à gauche, derrière une charrue. ℞. ΛΕΟΝΤΙΝΩΝ. Lion à gauche. Æ. 3.

240. — Partie antérieure d'un lion retournant la tête vers la gau-

che. ℞. Aire divisée en quatre parties, dont deux en creux et deux en relief. AR. 2.

241. *Lilybaeum.* — ΛΙΛΥΒΑΙΤΑΝ. Tête voilée à droite, enfermée dans un feston formant le triangle. ℞. ΑΤΡΑΤΙΝ ΠΥΘΙΩΝ. Trépied enlacé par deux serpents. Æ. 8.

242. — Tête laurée d'Apollon à droite. ℞. ΛΙΛΥΒΑΙΤΑΝ. Trépied. Æ. 2.

243. *Menanum.* — Tête de femme couronnée d'épis et voilée à droite. ℞. ΜΕΝΑΙΝΩΝ. Deux torches en sautoir. Æ. 4.

244. — Tête de femme laurée à droite. ℞. ΜΕΝ.... Aesculape debout. Æ. 3.

245. *Messana.* — Figure conduisant un bige couronné par la victoire. ℞. ΜΕΣΣΑΝΙΩΝ. Lièvre courant à droite. Au-dessus T. AR. 7.

246. — Même type. ℞. ΜΕΣΣΑΝΙΟΝ (*Boustrophédon*). Lièvre courant à droite. AR. 7.

247. *Mamertini.* — Tête de Jupiter laurée à droite. ℞. ΜΑΜΕΡ-ΤΙΝΩΝ. Guerrier nu casqué, armé d'une lance et d'un bouclier combattant à droite. Dans le champ le signe Π. Æ. 7.

248. — Autre. Æ. 4.

249. — Tête d'Apollon laurée à droite; derrière une lyre. ℞. .....ΕΡΤΙΝΩΝ. Figure nue, debout les épaules couvertes du *pallium*, tenant de la droite le *parazonium* et la haste de la gauche, à terre un bouclier. Æ. 6.

250. — ΑΡΕΟΣ. Tête imberbe et laurée à droite; derrière un fer de lance. ℞. ΜΑΜΕΡΤΙΝΩΝ. Aigle éployé sur un foudre. Æ. 6.

    Trois pièces variées.

251. — Tête d'Apollon laurée à gauche. ℞. ΜΑΜΕΡΤΙΝΩΝ. Figure nue, debout et tenant un cheval par la crinière, à gauche. Dans le champ Π. Æ. 7.

252. — Tête de femme voilée à droite. ℞. Oiseau. Æ.

253. — ΠΑΝΟΡΜΙΤΑΝ. Tête de Pallas casquée à droite. ℞. Tête de Cérès couronnée d'épis à droite; entre un pavot et un flambeau. Æ.

254. — Tête laurée de Jupiter à gauche. ℞. Figure militaire debout appuyée sur la haste. Dans le champ un monogramme. Æ. 5.

255. — Palmier. ℞. Pégase à gauche. Tête à gauche. ℞. Cheval courant à droite. Æ. 3.

    Trois pièces.

256. *Selinus.* — .... ΛΙΝΟΣ. Tête juvénile à gauche entourée de trois poissons. ℞. Bige couronné par la victoire. AR. 4.

257. *Segesta.* — Tête juvénile à droite. ℞. Chien marchant à droite. Æ. 4.

258. — Tête de femme à droite. ℞. Chien tourné à droite devant une plante. Dans le champ OOOO. Æ. 5.

259. *Syracuse.* — Tête de Jupiter à gauche. ℞. ΣΥΡΑΚΟ... Victoire conduisant un bige à droite. Æ. 5.

260. — ΣΥΡΑΚΟΣΙΩΝ. Tête laurée d'Apollon à gauche. ℞. Pégase à gauche, au-dessous NI. Æ. 4.

261. — ΣΥΡΑ. Tête de femme à gauche. ℞. Aire en creux divisée en quatre parties, au milieu une étoile. Æ. 3.

262. — Même tête. ℞. ΣΥΡΑ. Deux dauphins dans les rayons d'une roue. Æ. 3.

263. — Tête couronnée d'épis à gauche. ℞. Taureau cornupète à gauche entre deux dauphins et les lettres AI. Æ. 5.

264. — Autre. ℞. Taureau à gauche. Dans le champ une massue et la lettre T. Æ. 5.

265. — ΣΥΡΑΚΟΣΙΩΝ. Tête de Cérès à gauche. ℞. Taureau cornupète à gauche; au-dessus un dauphin. Æ. 3.

266. — ΣΥΡΑ. Tête de femme à droite, ceinte d'un diadème de perles. ℞. Polype. AR. 2.

267. — Autre semblable chargée d'une contremarque. AR. 2.

268. — ΣΥΡΑ. Tête de Pallas casquée à gauche. ℞. Astre entre deux dauphins. Flan globuleux. Æ. 8.

269. — ΣΥΡΑ. Même tête. ℞. Cheval marin à gauche. Æ. 4.

270. — Tête de Proserpine à droite entourée de quatre poissons. ℞. Figure conduisant un bige, au-dessus une victoire, et dans l'exergue un monstre marin. AR. 6.

271. — ΖΕΥΣ ΕΛ... Tête laurée de Jupiter libérateur à droite. ℞. Foudre, aigle. Æ. 6.

272. — Tête de Neptune à gauche. ℞. Trident. Æ. 5.

273. — Tête diadémée à droite. ℞. Lion, au-dessus une massue. Æ. 5.

274. — Tête d'Hercule jeune à gauche. ℞. ΣΥΡΑΚΟΣΙΩΝ. Pallas combattant à droite. Æ. 6 et 5.
   Deux pièces.

275. — ΣΥΡΑΚΟΣΙΩΝ. Même tête. ℞. Pallas combattant. Dans le champ un foudre. Æ. 6.

276. — Tête d'Apollon laurée à gauche. ℞. Bige, au-dessus la lettre Φ. Æ. 5.

277. — Même tête à droite. ℞. Bige. Æ. 5.

278. — ΣΥΡΑΚΟΣΙΩΝ. Tête laurée d'Apollon à gauche. ℞. ΣΥΡΑΚΟΣΙΩΝ. Aigle éployé, astre. Æ. 6.

279. — Même tête à droite. ℞. Même légende. Aigle éployé sur un foudre. Æ. 5.

280. — Autre avec un astre au revers. Æ. 6.

281. — ΣΥΡΑΚ. Tête de femme à droite. ℞. Polype. Æ. 3.

282. — ΣΥΡΑΚΟΣΙΩΝ. Tête de femme avec une couronne de

perles et entourée de quatre poissons. ℞. Figures conduisant un bige couronné par la victoire, à droite. AR. 6.

283. — Tête de femme à gauche, ℞. Bige allant à gauche; au dessous un pavot Æ. 4.

284. — Tête de femme à gauche. ℞. ΣΥΡΑ. dauphin, pétoncle. Æ. 3.

Deux pièces.

285. — ΣΥΡΑΚΟΣΙΩΝ. Tête laurée d'Apollon à gauche. ℞. Bœuf cornupète ; au dessus un trident ; au bas, les lettres ΛΓ. Æ. 3.

286. *Thermae.* — Tête d'Hercule à droite. ℞. ΘΕΡΜΙΤΑΝ. Trois femmes debout. Æ. 5.

287. *Tauromenium.* — Tête d'Apollon laurée à gauche; derrière une abeille. ℞. ΤΑΥΡΟΜΕΝΙΤΑΝ. Trépied. Æ. 6.

288. — ΤΑΥΡΟΜΕΝΙΤΑΝ. Même tête. ℞. ΑΠΟΛΛΩΝΟΣ. Trépied. Æ. 5. *Belle conservation.*

289. — Tête d'Apollon à gauche. ℞. ΤΑΥΡΟΜΕΝΙΤΑΝ. Bœuf cornupète à gauche. Æ. 4.

290. — ΑΡΧΑΓΕΤΑΣ. Tête laurée d'Apollon à gauche. ℞. ΤΑΥΡΟΜΕΝΙΤΑΝ. Même type. Æ. 4. *Belle.*

291 — Même tête, monogramme. ℞. ΤΑΥΡΟΜΕΝΙΤΑΝ. Lyre. Æ. 6.

292. — Autre. Æ. 5.

Rois de Sicile.

293. *Agathocles.* — ΣΩΤΕΙΡΑ. Tête de Diane à droite ; carquois derrière le dos. ℞. ΒΑΣΙΛΕΟΣ ΑΓΑΘΟΚΛΕΟΣ. Foudre ailé. Æ. 6.

294. *Hiero II.* — Tête diadémée à gauche. ℞. ΙΕΡΩΝΟΣ. Cavalier armé d'une lance galopant à droite. Æ. 7.

295. — Tête laurée à gauche. ℞. ΙΕΡΩΝΟΣ. Trident entre deux dauphins. Æ. 5.

296. — Tête barbue à gauche. ℞. ΙΕΡΩΝΟΣ. Même type ; au dessous les lettres A T. Æ. 4 1/2.

297. *Hieronymus.* — Tête laurée à gauche. ℞. ΒΑΣΙΛΕΟΣ ΙΕΡΟΝΥΜΟΥ. Foudre ailé ; au dessus, Φ Θ. Æ. 5.

Tyran d'Agrigente.

298. *Phintias.* — Tête d'Apollon laurée à gauche. ℞. ΒΑΣΙΛΕΟΣ ΦΙΝΤΙΔ. Sanglier à gauche. Æ. 5.

Iles voisines de la Sicile.

299. *Cossura.* — Tête de femme à droite coiffée à la manière égyptienne. ℞. Légende phénicienne au milieu d'une couronne de laurier. Æ. 5.

300. — Même tête coiffée par la Victoire; dans le champ, la contremarque REC en creux. ℞. COSSURA et un monogramme dans une couronne de laurier. Æ. 7.

301. *Gaulos.* — Tête de femme voilée à droite. ℞. Trois divinités égyptiennes ; au dessus une légende phénicienne. Æ. 8.

302. — Tête de femme dans un croissant ; devant, le signe V. ℞. ΓΑΥΛΙΤΩΝ. Soldat combattant. Æ. 4.

303. *Melita* — ΜΕΛΙΤΑΙΩΝ. Tête d'Isis. ℞. Figure avec quatre ailes. Æ. 7.

304. — Tête de femme voilée à gauche. ℞. ΜΕΛΙΤΑΙΩΝ. Trépied. Æ. 6.

305. — Tête de femme voilée à gauche. ℞. C. ARRVNTANVS BALB. PRO. PR. Chaise curule. Æ. 5.

306. *Lipara.* — ΛΙΠΑΡΑΙΩΝ. Six globules dans le champ. ℞. Figure virile assise à droite tenant dans la gauche le *diota*, et dans la droite une hache (*Semis*). Æ. 3.

Chersonèse taurique.

307. *Panticapeum.* — Tête de Pan couronnée de lierre. ℞. ΠΑΝ. Carquois et flèche. Un astre en contremarque. Æ.

308. — Tête de Bacchus à droite. ℞. ΠΑΝ. Partie antérieure d'un cheval ailé. Æ. 3.

Sarmatie.

309. *Olbia.* — Tête virile barbue à gauche. ℞. OLBIO. Arc dans un carquois, à côté une hache ; monogramme. Æ. 5.

Dacie.

310. — IMP. M. IVL. PHILIP... Tête laurée de Philippe père à droite. ℞. PROVINCIA. DACIA. AN. II. Femme debout entre un aigle et un lion tenant de chaque main un *vexillum*. Æ. 7.

311. — ..... IPPVS. AUG. Même type. ℞. PROVINCIA DACIA. Figure coiffée d'un bonnet phrygien tenant de la droite un glaive recourbé, et de l'autre un *vexillum* ; à ses pieds l'aigle et le lion ; au bas AN. I. Æ. 7.

Moésie supérieure.

312. *Viminacium.* — IMP. GORDIANVS PIVS FEL AVG. Tête laurée de Gordien III à droite. ℞. P. M. S. COL. VIM. AN. V. Femme debout entre un taureau et un lion. Æ. 8.

Moésie inférieure.

313. *Istrus.* — ΙΣΤΡΙΗ. Aigle posé sur un dauphin. ℞. Deux têtes viriles imberbes accolées, mais posées en sens contraire. AR. 4.

314. *Marcianopolis.* — Têtes affrontées de Caracalla et Géta. ℞. ... ΑΝΟΥ. ΜΑΡΚΙΑΝΟΠΟΛΙΤΩ. Femme debout tenant de la droite une patère, et de la gauche une corne d'abondance. Æ 6.

315. — Tête d'Alexandre Sévère à droite. ℞. ..... MARKIA-ΝΟΠΟ... Même type. Æ. 6.

... variées.

2

316. *Nicopolis.* — AV. K. Λ. CEΠ. CEVHPOC. Tête laurée de Septime Sévère à droite. ℞. ..... NIKOΠOAIT. ΠPOC.... Victoire à gauche. Æ. 6.

317. — ΠEΛ. ANTΩNEINOC. Tête nue de Diaduménien à gauche. ℞. NIKOΠOAITΩN ΠPOC ICTP. Au milieu du champ. Æ.

318. — AVT. K. M. AVP. ANTΩNEINOC. Tête laurée d'Elagabal à droite. ℞. ΥΠ. NOB. POΥΦOΥ. NIKOΠOAITΩN ΠPOC ICTPON. Serpent dressé et replié à droite. Æ. 7.

THRACE.

319. *Abdera.* — ΦIΛIΣ.... Griffon accroupi sur une massue à droite. ℞. Au dessus un caducée. ℞ ABΔHPITEΩN. Tête d'Apollon dans un carré. Æ. 3.

320. *Aenus.* — Tête de Mercure coiffée du *pétase* à gauche. ℞. AINION. Caducée. Æ.

321. *Anchialus.* — AΥT. K. M. ANT. ΓOPΔIANOC. Tête laurée de Gordien III à droite. ℞. AΓXIAΛEWN. (*sic*) dans une couronne de laurier. Æ. 6.

322. — AV. K. M. AN. ΓOPΔIANOC........ Têtes affrontées de Gordien et de Tranquilline. ℞......... AΓXIAΛEΩN. Femme debout vêtue de la *stola*, tenant une patère dans la main droite et une haste dans la gauche. Æ. 7.

323. *Byzantium.* — Tête d'Apollon à droite. ℞. BYZANTIΩN. Taureau à droite. Æ. 3.

324. — Tête voilée de femme à droite. ℞. BYZANT....... NIΣKOΥ. Corne d'abondance. Æ. 6.

325. — Π. ΛIK. OΥAΛEPIANOC ... CEOΥ... Valérien père à droite. ℞. BYZAN... La Fortune debout. Æ. 6.

326. *Deultum.* — IMP. GORDIANVS PIVS AVG. Gordien III à droite. ℞. COL. FL. PAC. DEVL. Esculape debout, la main droite appuyée sur un bâton autour duquel est enroulé un serpent. Æ. 6.

327. — Même légende, même type. ℞. COL. FL. PAC. DEVLT. Pallas debout tournée à gauche, le pied droit posé sur des armes et tenant le bouclier et la haste. Æ. 6.

328. — IMP. C. GORDIANVS PIVS AVG. Tête laurée de Gordien III à droite. ℞. COL. FL. PAC. DEVLT. Minerve vêtue de la *stola*, tenant dans la main droite une patère et dans la gauche une haste. Æ. 6.

329. *Hadrianopolis.* — AΥT. M. ANT. ΓOPΔIANOC. Même tête à droite. ℞. AΔPIANOΠOΛITΩN. Serpent dressé et replié. Æ. 7.

330. — Même légende, même tête. ℞. Même légende, Pallas debout armée du bouclier et de la lance. Æ. 7.

331. *Maronea.* — Cheval à droite. ℞. Cep de vigne dans un carré. AR. 1.

332. — Cheval en course à droite. ℞. ΜΑΡΩΝΙΤΩΝ. Cep de vigne dans un carré. Æ. 3.

333. — Tête de Bacchus couronnée de lierre à droite. ℞. ΔΙΟΝΥΣΟΥ ΣΩΤΗΡΟΣ. ΜΑΡΩΝΙΤΩΝ. Bacchus debout tenant de la main droite une grappe de raisin et de la gauche deux traits. Æ. 7.

334. — Même tête. ℞. ΜΑΡΩΝΙΤΩΝ. Même type. Æ. 4.

335. *Mesembria.* — Tête de femme diadémée à droite. ℞. ΜΕΤΑΜΒΡΙΑΝΩΝ. (*sic*) Pallas combattant à gauche. Æ. 4.

336. *Odessus.* — M. AVP. ΑΛΕΞΑΝΔΡΟΣ. Tête laurée d'Alexandre Sévère à droite. ℞. ΟΔΗCCΙΤΩΝ. Serapis debout vêtu du *pallium*, tenant dans la droite une patère et dans la gauche une corne d'abondance. Æ. 6.

337. *Pautalia.* —·ΦΑΥCΤΕΙΝΑ. CΕΒΑCΤΗ. Tête de Faustine jeune à droite. ℞. ΟΥΑΠΙΑC ΠΑΥΤΑΛΙΑC. Cérès voilée assise à gauche, tenant de la droite des épis, et de la gauche une haste. Æ. 5.

338. — AVT. Κ. M. AVP. ΑΝΤΩΝΕΙΝΟC. Tête laurée à droite. ℞. ΟΥΑΠΙΑC ΠΑΥΤΑΛΙΑC. Esculape assis sur un serpent ailé et tenant un bâton autour duquel est enroulé un serpent. Æ. 9.

339. *Philippopolis.* — ...... ΑΥΡΗΛΙΟC ΚΑΙCΑΡ CΕΒ. Marc Aurèle à droite. ℞. ΦΙΛΙΠΠΟΠΟΛΕΙΤΩΝ. Figure debout appuyée sur la haste. Æ. 4.

340. — ΦΑΥCΤΕΙΝΑ CΕΒΑCΤΗC. Faustine jeune à droite. ℞. Même légende. Apollon nu debout près d'un autel, tenant de la droite une patère et de la gauche un bâton.

341. — ΑΥ. ΚΑΙ. M. ΑΥΡΗ. ΚΟΜΟΔΟC. Tête laurée de Commode à droite. ℞. ΦΙΛΙΠΠΟΠΟΛΕΙΤΩΝ. Diota. Æ. *Belle conservation.*

342. — AVT. ΑΔΙ. ΑΡΙΑ. ΑΝΤΩΝΕΙΝΟC. Tête laurée d'Antonin à droite. ℞. ΦΙΛΙΠΠΟΠΟΛΕΙΤΩΝ. Femme tenant une patère et une corne d'abondance. Æ. 4.

343. Autres semblables de Marc Aurèle et Elagabal. Æ. 4. *Deux pièces.*

344. *Perinthus.* — Tête casquée à droite. ℞. ΠΕΡΙΝΘΙΩΝ dans le champ. Æ. 2.

345. *Serdica.* — .... CΕΥΗΡΟC. Tête laurée de Septime Sévère à droite. ℞. Π. FE. ΚΑΙΚΙΝΑ. ΛΑΡΓΟΥ. ΟΥΑΠΙ. Dans une couronne CΕΡΔΙΚΗC en deux lignes. Æ. 8. *Bien conservée.*

346. — ΑΥΤ. Κ. M. ΑΥΡ. CΕ.. ΑΝΤΩΝΕΙΝΟC. Caracalla à droite. ℞. ΟΥΑΠΙΑC CΕΡΔΙΚΗC. Serpent dressé et replié sur une base. Æ. 8.

347. *Trajanopolis.* — ΑΥΤ. Κ. Μ. ΑΥΡ. CEΥΗ. ΑΝΤΩΝΕΙΝΟC.
Tête laurée de Caracalla à droite. ℞. ΤΡΑΙΑΝΟΠΟΛΕΙΤΩΝ.
Télesphore debout. Æ. 4.

348. — Même tête. ℞. ΑΥΓΟΥCΤΗC ΤΡΑΙΑΝΗC. Hippocrate
dans un temple tétrastyle. Æ. 8.

Roi des Odryses.

349. *Amadocus.* — ... ΜΑ.. ΟΚΟ. Bipenne, au dessus un caducée.
℞. ΕΠΙ ... ΙΥ. Cep de vigne dans un carré, flan épais. Æ. 5.
Très rare.

Chersonnèse de Thrace.

350. *Aegos Potamos.* — Tête de femme à gauche aux cheveux
retroussés et coiffée d'une sorte de tiare, boucles d'oreilles. ℞.
ΑΙΓΟΣ. ΠΟ. Chèvre arrêtée à gauche. Æ. 5.

351. *Cardia.* — Tête de Cérès couronnée d'épis à gauche. ℞.
ΚΑΡΔΙΑ. Lion à gauche, au dessous un grain d'orge. Æ. 4.

352. *Coela.* — ΑΝΤΟΝΙ.... Tête de Caracalla jeune laurée à
droite. ℞. AEL. MVN. COIL. Proue de vaisseau, au dessus une
corne d'abondance. Æ. 4.

353. *Lysimachia.* — Tête d'Hercule jeune couvert de la peau du
lion. ℞. ΛΥΣΙΜΑΧΕΩΝ. Victoire debout. Æ. 3.

Iles de Thrace.

354. *Imbrus.* — Tête de femme à droite. ℞. ΙΜΒΡΟΥ. Figure *Ity-
phallique* à droite, tenant d'une main une massue et de l'autre
une patère ; devant, un flambeau. Æ. 3.
Rare.

355. *Thasus.* — Buste de Diane à droite, carquois derrière le dos.
℞. ΘΑΣΙΩΝ. Hercule debout couvert de la peau du lion, tirant
de l'arc à droite. Æ. 4.

356. — Tête d'Hercule coiffé de la dépouille du lion. ℞. ΘΑΣΙΟΝ
entre une massue et un arc. Æ. 4.

357. — Tête de Bacchus jeune couronnée de lierre, à droite. ℞.
ΗΡΥΚΛΕΟΥΣ (*sic*) ΖΩΤΗΡΟΣ (*sic*) ΘΑΣΙΩΝ. Hercule debout avec ses attributs. Dans le champ un monogramme. AR.
8 1/2.

Rois de Thrace.

358. *Lysimachus.* — Tête de Lysimaque ceinte du diadème et
avec la corne du bélier à droite. ℞. ΒΑΣΙΛΕΩΣ ΛΥΣΙΜΑΧΟΥ.
Pallas Nicéphore assise sur un siége à gauche avec la haste
transversale à droite. Au dessous massue, bouclier et monogramme. AR. 7 1/2.
Belle conservation.

359. — Tête d'Hercule coiffé de la peau du lion. ℞. Même légende. Jupiter Aetophore assis à gauche, tenant d'une main l'aigle et de l'autre un sceptre. Monogramme. AR. 4.

360. — Tête imberbe casquée à droite. ℞. Même légende. Pallas armée d'un bouclier et d'une lance. Æ. 5.
Deux pièces.

361. *Rhoemetalces.* — Tête de Rhoemetalces à droite. ℞. ΚΑΙΣΑΡΟΣ ΣΕΒΑΣΤΟΥ. Tête d'Auguste à droite. Æ. 4.

362. — ΒΑΣΙΛΕΟΣ ΡΟΙΜΗΤΑΛΚΟΥ. Têtes accolées de Rhoemetalces et de sa femme. ℞. Comme le précédent. Æ. 5.

Paeonie.

363. — Tête de Jupiter laurée à droite. ℞. ΠΑΟΝΩΝ. Foudre, dessous monogramme. Æ. 5.
Pièce rare et d'une conservation parfaite.

Macédoine.

364. — Tête de Jupiter à droite. ℞. ΜΑΚΕΔΟΝΩΝ. Foudre ailé, dans le champ un monogramme. Æ. 6.

365. — Autre semblable. Æ. 4.

366. — Même tête. ℞. ΜΑΚΕΔΟΝΩΝ. Massue, deux monogrammes. Æ. 5.

367. — Tête d'Apollon à droite. ℞. ΜΑΚΕΔΟΝΩΝ. Trépied. Æ. 4.

368. — Tête d'Apollon laurée, à droite. ℞. ΜΑΚΕΔΟΝΩΝ. Lyre, arc et monogramme. Æ. 5.

369. — Tête de Bacchante couronnée de lierre. Æ. ΜΑΚΕΔΟΝΩΝ. Chèvre debout à droite, dans le champ, étoile et monogramme. Æ. 5.

370. — Tête de Pan, à droite. ℞. ΜΑΚΕΔΟΝΩΝ. Trident, monogramme. Æ. 5.

371. — Tête de Diane à droite, sur le bouclier macédonien, arc et carquois derrière le dos. ℞. ΜΑΚΕΔΟΝΩΝ ΠΡΟΤΗΣ. Massue et monogramme dans une couronne, à gauche un foudre. Æ. 8.

372. — ΑΛΕΞΑΝΔΡΟΥ. Tête d'Hercule jeune, coiffée d'une peau de lion. ℞. ΚΟΙΝΟΝ ΜΑΚΕΔΟΝΩΝ. Cavalier en course à droite, armé d'un javelot et foulant aux pieds un ennemi renversé. Æ. 6.
Deux pièces.

373. — ΑΛΕΞΑΝΔΡΟΥ. Tête virile imberbe diadémée à droite. ℞. ΚΟΙΝΟΝ, etc., semblable au précédent. Æ. 6.

374. — ΝΕΡΩΝ ΚΑΙΣΑΡ. Tête nue de Néron à gauche. ℞. ΣΕΒΑΣΤΟΣ ΜΑΚΕΔΟΝΩΝ. Bouclier. Æ. 6.

375. — ΑΝΤΩΝΕΙΝΟΣ. Tête d'Antonin à droite. ΚΟΙΝΟΝ ΜΑΚΕΔΟΝΩΝ. Femme assise tenant dans la main droite des épis et une corne d'abondance dans la gauche. Æ. 8.

376. — ΑΛΕΞΑΝΔΡΟΥ. Tête d'Alexandre coiffée de la peau de lion à droite. ℞. ΚΟΙΝΟΝ ΜΑΚΗΔΟΝΩΝ. Cavalier galopant à droite. Æ. 7.

377. — ΑΛΕΞΑΝΔΡΟΥ. Tête diadémée à droite. ℞. Même légende sur une table, deux urnes dans chacune desquelles se trouve une palme. Æ. 6.

378. *Acanthus.* — Tête casquée à droite. ℞. ΑΚΑΝ dans les compartiments d'un carré. Æ. 2.

379 *Amphipolis.* — Tête à droite. ℞. ΑΜΦΙΠΟΛΕΙΤΩΝ. Epi, Æ. 3.

380. — Tête de femme à droite. ℞. ΑΜΦΙΠΟΛΙΤΩΝ. Chèvre à droite. Æ. 5.

381. — Tête de Méduse ailée de face. ℞. ΑΜΦΙΠΟΛΕΙΤΩΝ. Pallas debout armée d'une lance et tenant dans la main droite une victoire. Æ. 6.

382. — Tête d'Hercule jeune, à droite, coiffé de la peau de lion. ℞. ΑΜΦΙΠΟΛΕΙΤΩΝ. Lion marchant de gauche à droite ; au dessus un épi. Æ. 5.

383. — Tête de Jupiter laurée à droite. ℞. ΑΜΦΙΠΟΛΙΤΩΝ. Cheval à droite. Æ. 4.
  Deux pièces.

384. — Autre ℞. Même légende. Taureau bondissant, monogramme. Æ. 5.

385. — Même tête. ℞. Aigle éployé sur un foudre ; torche allumée, monogr. Æ. 3.

386. — Tête d'Apollon à droite. ℞. Deux boucs debout sur leurs pieds de derrière, combattant. Æ. 4.

387. — Même tête à droite. ℞. ΑΜΦΙ. Torche allumée au milieu d'un carré indiqué par quatre lignes. Æ. 4.

388. — Autre, même type. Æ. 2.

389. — Tête de Jupiter diadémée. ℞ ΑΜΦΙΠΟΛΙΤΩΝ. Massue dans une couronne de chêne. Æ. 4.

390 — Autre avec des monogrammes. Æ. 4.

391. — ΑΜΦΙΠΟΛΙΤΩΝ. Femme assise. ℞. ΡΩΜΗ. Femme assise et tenant une Victoire dans la main droite. Æ. 6. 1/2.

392. — ΑΜΦΙΠ.... Diane assise sur un taureau, courant à gauche. ℞. ΤΙ, ΚΛΑΥ. ΣΕΒΑΣΤΟΣ. L'empereur debout sur un piédestal, la main droite élevée et l'aigle légionnaire dans la gauche. Æ. 5.

393. — ΑΥ. ΚΑΙ. ΠΟ. Λ. ΕΓ ΓΑΛΛΙΗΝΟC. Gallien couronné à droite. ℞. ΑΜΦΙΠΟΛΕΙΤΩΝ. Femme assise le *modius* sur la tête, tenant dans la droite une divinité, au bas un poisson. Æ. 7.

394. *Aenea* — Tête de Diane à droite. ℞. ΑΙΝΑΩΝ. Taureau cornupète à droite. Æ. 2.

395. *Bottiaea.* — Tête d'Apollon laurée à droite. ℞. ΒΟΤΤΙΑΕΩΝ. Lyre. Æ. 3.

396. *Chalcis*. — Tête d'Apollon laurée à gauche. Æ. XΛΛΚΙΔΕΩΝ.
Lyre ; au bas EHI ΟΛΥΜΠΙΚΟΥ. *AR*. 2.
   Très rare.

397 *Cassandrea*. — Tête de Caracalla à droite. ℞. COL. IVL.
AVG. CASSAND.... Tête d'Ammon à droite Æ. 6.

398. — *Edessa*. — Tête de Tranquilline à droite. ℞. La déesse
Rome assise couronnée par une femme debout derrière elle.
Æ. 6.

399. — Autre, tête de Gordien III. ℞. EDECCEΩN. Même type.
Æ. 6.

400 *Pella*. — Tête casquée à droite. ℞. Victoire conduisant un
bige à droite ; au dessous un épi. Æ. 5.

401. — Tête d'Apollon laurée à droite. ℞. ΠΕΛΛΗΣ. Trépied. Æ. 4.

402 — Tête imberbe à droite. ℞. ΠΕΛΛΗΣ. Lyre. Monogramme.
Æ. 3.

403. — Tête de Pallas casquée à droite. ℞. Taureau paissant.
ΠΕΛΛΗΣ. Monogramme. Æ. 3 et 4.
   Deux pièces variées.

404. — Autre avec ΓΛΙΟΣ ΤΑΜΙΟΥ. Æ. 4.

405. — Tête de Jupiter diadémée. ℞. ΠΕΛΛΗΣ. Bœuf debout à
droite. Monogramme. Æ. 5.

406 — Tête de Gordien III à droite. ℞. COL. IVL. AVG. P... Pan
assis sur un rocher, la main droite sur sa tête, *syrinx, pedum*.
Æ. 6.

407. *Philippi* — Tête d'Hercule jeune à gauche. ℞. ΦΙΛΙΠΠΩΝ.
Trépied, massue. Æ. 3.

408. — COL. IVL. PRÆ. PHIL. Trois enseignes militaires. ℞. VIC.

409. — CAESAR TRAIAN. HADRIANUS. AUG. Tête d'Hadrien laurée, à droite. ℞. COLON. IVL. AVG. PHILIPPI. L'empereur debout sur
une estrade, couronné par une femme debout derrière lui, de
chaque côté de l'estrade un autel ; au bas DIVUS AUG. Æ. 6.

410. *Pydna*. — Tête d'Hercule jeune à droite. ℞. ΠΥΔΝΑΙΩΝ.
Aigle déchirant un serpent. Æ. 3.

411. *Neapolis*. — Masque imberbe vu de face, tirant la langue.
℞. NEOΠ. Tête de femme à droite. Æ. 2.

412. *Stobi*. — IVLIA AVGVSTA. Tête à droite. ℞. MVNIC.
STOBE. Victoire marchant à gauche. Æ. 6.

413. — M. AVREL ANTONINVS. Tête à droite. ℞. MVNI. STOB
Même type. Æ. 6.

414 — Tête de Septime Sévère à gauche. ℞. MVNIC.. OBENS.
Victoire. Æ. 7.

415. *Thessalonica*. — Tête à droite. ℞. ΘΕΣΣΑΛΟΝΙΚ. Chèvre.
Æ. 4.

416. — Tête d'Apollon à droite. ℞. ΘΕΣΣΑΛΟ... Trépied. Æ. 4.

417. — Tête de femme à droite. ℞. ΘΕΣΣΑΛΟΝΙΚΗΣ. Chèvre,
monogrammes, charrue. Æ. 4.

418. — Tête de Diane à droite. ℞. ΘΕΣΣΑΛΟΝΙΚΕΩΝ. Carquois. Æ. 3.

419. — Tête de femme voilée et tourrelée à droite. ℞. ΘΕΣΣΑΛΟΝΙΚΕΩΝ en trois lignes dans une couronne de laurier. Æ. 4.

420. — ΘΕΣΣΑΛΟΝΙΚΕΩΝ. Tête de femme tourrelée à droite. ℞. ΚΑΒΕΙΡΟΣ. Cabire debout tenant dans la droite un *rhyton*, et dans la gauche un maillet. Æ. 5.

421. — M. ΑΝΤ. ΑΥ. Γ. ΚΑΙ. ΑΥΤ. Victoire à gauche. ℞. ΘΕΣΣΑΛΟΝΙΚΕΩΝ ΕΛΕΥΘΕΡΙΑΣ. Tête d'Octavie à droite. Æ. 7.

422. — Tête de Marc Aurèle à droite. ℞. ΘΕCCΑΛΟ... Victoire. Æ. 6.

423. ΑΥ. Κ. Μ. ΑΥΡ. ΑΝΤΟΝΕΙΝΟC. Tête laurée de Caracalla à droite. ℞. ΘΕCCΑΛΟΝΙΚΕΩΝ. Victoire à gauche. Æ. 7.

424. — ΙΟΥΛΙΑ ΔΟΜΝΑ. Tête de Julia Domna à droite. ℞. ΘΕCCΑΛΟΝΙΚΕΩΝ. Cabire dans un temple distyle, tenant dans la main droite le *rhyton*, et dans la gauche un maillet. Æ. 6.

425. — ΑΥ. Τ. Κ. Μ. ΑΝΤΟΝΙΟC. ΓΟΡΔΙΑΝΟC. Tête de Gordien III. ℞. ΘΕCCΑΛΟΝΙΚΕΩΝ. ΚΑΒΙΡΕΙΑ. Æ. 6.

426. *Traelium* — Tête de Mercure à droite couverte du pétase. ℞. ΤΡΑΙΑΛΙΝΟΝ. Balaustium. Æ. 3.

427. *Uranopolis.* — ΟΥΡΑΝΙΑΣ ΠΟΛΕΩΣ. Femme tournée à gauche, assise sur un globe. ℞. Astre à huit rayons. Æ. 3 1/2.

428. *Heraclea.* — Tête d'Hercule jeune à gauche. ℞. ...ΚΛΕΙΩ. Arc et massue. Æ. 2.

Rois de Macédoine.

429. *Amyntas II.* — Tête d'Hercule imberbe couvert d'une peau de lion à droite. ℞. ΑΜΥΝΤΑ. Aigle déchirant un serpent à droite. Æ. 3.
Deux pièces.

430. *Perdiccas III.* — Tête d'Hercule jeune, couvert de la peau du lion à droite. ℞. ΠΕΡΔΙΚΚΑ. Lion marchant à droite et brisant une lance dans sa gueule. Æ. 3.

431. *Philippus II.* — Tête de Jupiter couronnée de laurier à droite. ℞. ΦΑΠΠΟΥ (*sic*). Figure virile nue à droite, à cheval, et tenant une palme; dessous les signes Λ I. Æ. 6.
Belle.

432. — Autre, même tête. ℞. ΦΙΛΙΠΠΟΥ. Cavalier à droite, les cheveux flottants en arrière, une palme dans la droite; au dessous une grappe de raisin. AR. 6.

433. — Tête imberbe diadémée à gauche. ℞. Cavalier à droite. Æ. 4.

434. *Alexander III Magnus.* — Tête d'Hercule coiffée de la peau de lion à droite. ℞. ΑΛΕΞΑΝΔΡΟΥ. Jupiter Aétophore assis à gauche, tenant dans la droite un aigle et dans la gauche un long sceptre ; dans le champ une torche et un monogramme. AR. 4.

435. — Même tête. ℞. ΒΑΣΙΛΕΩΣ. Carquois, torche et massue. Æ.

436. — Même tête. ℞. ΑΛΕΞΑΝΔΡοΥ. Aigle éployé sur un foudre. Æ. 3.

437. *Philippus III Aridaeus.* — Tête d'Hercule jeune couverte de la peau du lion. ℞. ΒΑΣΙΛΕΩΣ. Jupiter Aétophore assis à gauche. Dans le champ un monogramme et sous le siége la lettre Ξ. AR. 7.

438. — Autre, mêmes types. AR. 3.

439. — Tête diadémée à droite. ℞. ΦΙΛΙΠΠΟΥ. Cavalier à droite ; au dessous un fer de lance. Æ. 4.

440. — Autre, au lieu du fer de lance le monogramme ΑΝ. Æ. 3.

441. — Même tête. ℞. ΦΙΛΙΠΠΟΥ. Cavalier à gauche. Æ. 4.

442. — Tête d'Hercule jeune à droite. ℞. ΦΙΛΙΠΠΟΥ. Cavalier à droite ; au dessous un fer de lance. Æ. 2 1/2.

443. *Cassander.* — Tête d'Hercule jeune à droite. ℞. ΚΑΣΣΑΝΔΡοΥ Lion accroupi à droite. Æ. 4.

444. — Autre. Æ 3.

445. — Même type. ℞. ΚΑΣΣΑΝΔΡΟΥ ΒΑΣΙΛΕΩΣ. Lion à gauche, monogramme. Æ. 3.

446. — Même tête. ℞. Même légende. Cavalier élevant la main à droite. Dans le champ une étoile et sous le cheval la lettre Φ. Æ. 4.

447. — Autre avec deux monogrammes ΑΝΤ et ΔΙ. Æ. 4.

448. — Autre avec une étoile et les lettres Τ et Λ dans le champ. Æ. 4.
    Trois pièces variées.

449. — Autre avec le monogramme Π Υ sous le cheval. Æ. 4.

450. — Autre avec la lettre E. Æ. 4.

451. — Tête d'Apollon laurée à droite. ℞. ΒΑΣΙΛΕΩΣ ΚΑΣΣΑΝΔΡοΥ. Trépied. Æ. 4.

452. *Alexander IV.* — Tête jeune diadémée à droite. ℞. ΑΛΕΞΑΝΔΡοΥ. Cheval en course. Æ. 2 1/2.
    Trois pièces variées.

453. *Antigonus I Gonatas.* — Tête de Pallas casquée à droite. ℞. Β. ΑΝ. Faune érigeant un trophée. Dans le champ un instrument ressemblant au *lituus.* Æ. 4.
    Deux pièces.

454. — Autre avec un casque dans le champ. Æ. 4.

455. — Tête d'Hercule jeune à droite. ℞. Cavalier à droite. *Æ. 4.*
Deux pièces.

456. — Bouclier macédonien portant au milieu le monogramme d'Antigone. ℞. Casque à double aigrette. *Æ. 4.*

457. — Bouclier macédonien. ℞. Casque à double aigrette. *Æ.* 2 1/2.

458. — Tête d'Hercule jeune à droite. ℞. B. A. Massue, carquois. *Æ. 4.*

459. *Démétrius II.* — Monogramme de Démétrius sur le milieu d'un bouclier macédonien. ℞. ΒΑΣΙ. Casque à double aigrette. *Æ.* 3.
Deux pièces.

460. *Philippus V.* — Tête virile imberbe à droite, avec un casque ailé terminé par une tête d'oiseau ; derrière, la *Harpa*. ℞. BA. ΦΙ. Aigle éployé sur une charrue. Dans le champ le monogramme Δ Ι. *Æ. 4.*

461. — Tête d'Hercule jeune couverte d'une peau de lion, à droite. ℞. BA. Φ. Deux chèvres accroupies à droite. *Æ. 4.*

462. — Tête casquée à droite. ℞. ΒΑΣΙΛΕΩΣ. Cheval en course à droite. *Æ.* 3.

463. — Tête de faune à droite. ℞. BΔ ΦΙ. Proue de vaisseau à droite, monogramme ΔΙ. *Æ.* 3.

464. *Perseus.* — Tête virile jeune à droite coiffée d'un casque ailé à tête d'oiseau ; derrière la *Harpa*. ℞. BA... Aigle éployé sur un foudre. *Æ. 4.*

465. — Autre la *Harpa* devant la tête. ℞. BA. ΠΕΡ. Même type ; au dessous la *Harpa*. *Æ. 4.*

Thessalie.

466. — Tête d'Apollon à droite. ℞. ΘΕΣΣΑΛΩΝ ΠΛΑΟΥ ΠΕΤΡΑΙΟΣ. Pallas combattant à droite. *Æ. 4.*
Belle.

467. Tête casquée de Pallas à droite. ....ΣΑΝ. ℞. ΘΕΣΣΑΛΩΝ. Cheval en liberté à droite. *Æ. 4.*

468. *Gyrton.* — Tête de Jupiter laurée à droite. ℞. ΓΥΡΤΩΝΙΩΝ. Cheval marchant à droite. *Æ.* 5.

469. *Larissa.* — Homme couvert d'un manteau et domptant un taureau furieux. ℞. ΛΑΡΙΣΑΙΑ. Cheval en course à droite. AR. 4.
Belle conservation.

470. — Tête de femme de face. ℞. ΛΑΡΙΣΑΙΑ. Cheval paissant à droite. AR. 4.

471. — Tête de femme à droite. ℞. Même type que le numéro précédent. *Æ.* 3.

472. *Pharsalus.* — Tête de Pallas casquée à droite. ℞. Φ AP. Cavalier chargeant à droite. *Æ.* 3.

Illyrie.

472 *bis*. *Apollonia.* — ΑΥΣΩΝ. Tête d'Apollon laurée à gauche.
℞. ΑΠΟΛΛΩΝΙΑΤΑΝ. Obélisque dans une couronne de laurier.
Æ. 5.

473. — ΘΕΟΔΟΡΟΣ. Même tête. ℞. Même légende. Trépied dans
une couronne de laurier. Æ. 6.

473 *bis*. — ΞΕ. Tête de Bacchus couronnée de lierre à gauche.
℞. Même légende, corne d'abondance. Æ. 5.

474. — ΑΡΙΣΤΩΝ. Vache allaitant un veau à gauche. ℞. ΑΠΟ.
..... ΝΕΑ. Jardin d'Alcinoüs. AR. 4.

475. *Dyrrachium.* — ΞΕΝΩΝ. Vache tournée à droite allaitant un
veau. ℞. Au dessous un chien courant à droite ℞. ΔΥΡ.
ΦΙΛΟΔΑΜΟΥ. Jardin d'Alcinoüs. AR. 4.

476. — ΜΕΝΙΣΚΟΣ. Même type. ℞. ..... ΧΙΠΠΟΥ. Mêmes
types. AR. 4.

477. — Tête de Jupiter à droite. ℞. ΔΥΡ. ΦΙΛΩΤΑ. Trépied
dans une couronne de laurier. Æ. 4.

478. — Même tête. ℞. ...... ΝΙΚΑΝΔΡΟΥ. Trépied dans une
couronne. Æ. 4.

Roi d'Illyrie.

479. *Ballaeus.* — Tête virile imberbe nue, à gauche. ℞. ΥΟΙΑ-
ΛΛΑΒ. Diane marchant à gauche, tenant un flambeau. Æ. 3.
Belle.

Iles d'Illyrie.

480. *Issa.* — Tête de Pallas casquée à droite. ℞. ΙΣ. Chèvre marchant à droite. Æ. 6.

481. *Pharus.* — Tête imberbe nue à gauche. ℞. Φ Α. *Cantharum.*
Æ. 4.

482. — Tête à gauche. ℞. Chèvre à gauche. Æ. 5.

Epire.

483. — Tête de Jupiter couronnée de chêne, monogramme, étoile.
℞. ΑΠΕΙΡΩΤΑΝ. Aigle sur un foudre à droite dans une couronne de chêne. AR. 5.

484. — Têtes accolées de Jupiter et de Junon à droite, l'une couronnée de chêne et l'autre ceinte d'un diadême. Monogramme.
℞. ΑΠΕΙΡΩΤΑΝ. Foudre dans une couronne de chêne. AR. 4.

485. — Tête de Jupiter à gauche. ℞. ΑΠΕΙΡΩΤΑΝ. Foudre dans
une couronne de chêne. Æ. 4 et 5.
Deux pièces.

486. — Tête laurée de Jupiter à droite. ℞. Le monogramme Α Π
au dessus d'un foudre ; le tout dans une couronne de chêne.
Æ. 6.

487. *Ambracia.* — Tête de Jupiter à droite. ℞. AMBP. ΛΑΜΙΟΣ. Griffon marchant à droite. Æ. 4.

488. — Autre avec ΣΙΛΑΝΟΣ. Æ. 4.

489. — Tête de soleil radiée à droite. ℞. AMBP. Apollon nu, marchant à droite, le bras gauche étendu, tenant un arc et tirant de la main droite une flèche de son carquois. Æ. 4.

490. *Nicopolis.* — Tête nue d'Auguste à gauche. ℞. IEPA. ΝΙΚΟΠΟΛΙΣ. Dauphin enveloppant un trident. Æ. 4.

491. — A. V. K. MAV. ΑΝΤωΝΕΙΝΟϹ. Caracalla lauré à droite avec le *paludamentum.* ℞. ΝΕΙΚΟΠΟΛΕωϹ. L'empereur à cheval élevant la main droite. Æ. 5.

492. — Même légende, même type. ℞. ΝΕΙΚΟΠΟΛΕωϹ. ΙΕΡΑϹ. Cybèle assise sur le lion à droite avec le *tympanum.* Æ. 6.

Roi d'Epire.

493. *Pyrrhus.* — Tête laurée de Cérès couronnée d'épis à droite ; derrière une torche allumée. ℞. ΒΑΣΙΛΕΟΣ ΠΥΡΡΟΥ. Femme assise sur un siége à droite, tenant un sceptre et un épi. Æ. 5.
     Belle.

494. — Tête de Jupiter à droite. ℞. ΒΑΣΙΛΕΟΣ ΠΥΡΡΟΥ. Foudre dans une couronne de chêne. Æ. 6.

Coreyre.

495. — KO. Diota. ℞. Grappe de raisin. Æ. 3.
     Trois pièces.

496. — KO. Diota. ℞. Tête de Bacchus couronnée de lierre à droite. Æ. 4.

497. — Tête voilée à droite. ℞. Proue de vaisseau, monogramme. Æ. 3.

498. — Aigle à droite retournant la tête à gauche vers une grappe de raisin. ℞. Victoire de face. Æ. 3.
     Deux pièces.

499. — ΚΟΡΚΥΡΑΙΩΝ. Tête de femme à droite, lyre, monogramme. ℞... ΚΑΣΙΟΣ. Jupiter assis à gauche. Æ. 4.

500. — Tête d'Hercule jeune à droite. ℞. ΦΙΛΙΑΡΧΟΣ. Trirème, monogramme. Æ. 5.

501. — Deux têtes accolées à droite. ℞. ΚΟΡΚΥΡΑΙΩΝ, ΦΙΛΩΤΑΣ. Proue de navire, dauphin. Æ. 6.

502. — Autre. Æ. 8.

503. — ΑΓΡΕΥϹ. Figure debout dans un temple. ℞. ΖΕΥϹ ΚΑϹΙΟϹ. Jupiter *Casius* assis à gauche, la main droite sur la haste. Æ. 4.

504. — Ϲ. ϹΕΒΗΡΟϹ. ΠΕΡ. ϹΕ. Tête laurée de Septime Sévère à droite. ℞. Trirème. Æ. 7.
     Belle conservation.

505. — IOYAIA. ΔOMNA. CEBACT. Tête de Julia Domnia à
droite. ℞. ...ΥΡΑΙΩN. Galère à la voile avec des rameurs.
Æ. 7.

506. — ΑΝΤΩΝΕΙΝΟC... Tête laurée de Caracalla à droite. ℞.
KOPKΥΡΑΙΩN. Même type. Æ. 7.

507. — CEΠ... Θ. ΓΕΤΑ... Tête laurée de Géta à droite. ℞.
Femme debout, la main droite élevée. Æ. 5.

508. — Autre. ℞. KOPKΥΡ. Jupiter assis à gauche. Æ. 6.

509. Même type étoile. ℞. Monogramme de Corcyre dans une
couronne de lierre.

Acarnanie.

510. — Tête barbue d'un fleuve à droite, avec des oreilles et un
col de taureau ; au dessus un trident, derrière la lettre Λ. ℞.
Tête d'Hercule couverte de la peau de lion. Æ. 5.

511. — Tête imberbe casquée à gauche. ℞. Tête de fleuve à
gauche ; au dessus un trident. Æ. 5.

512. *Leucas.* — Tête d'Hercule jeune, couverte d'une peau de
lion, à droite. ℞. ΛΕΥΚΑΔΙΩN ΕΥΚΡΑΤΗΣ. Massue, monogramme. Æ. 4.

513. — Tête de Diane à droite. ℞ ΛΕΥΚΑΔΙΩN ΣΩΚΡΑΤΗΣ.
Lyre. Æ. 3.

514. *OEniadæ.* — Tête de Jupiter couronnée de lauriers à droite.
℞. OINIAΔAN. Tête de fleuve à droite ; derrière Λ. Æ. 5.

Aetolie.

515. — Tête d'Apollon laurée à droite. — ℞. ΑΙΤΩΛΩN. Mâchoire et fer de lance ; dans le champ, une grappe de raisin.
Æ. 4.

516. — Autre sans la grappe de raisin. Æ. 3.

517. — Tête de Pallas casquée à droite. ℞. ΑΙΤΩΛΩN. Hercule
nu debout et de face, la main droite sur la massue et la dépouille
du lion sur le bras gauche. Æ. 4.

Locride.

518. *Axia.* — Tête de Jupiter diadémée à droite. ℞. AΞ. Foudre
ailé. Æ. 4.

519. *Amphissa.* — Tête d'Apollon à droite. ℞. ΑΜΦΙΣΣΕΩN.
Mâchoire, fer de lance ; au milieu une étoile et le monogramme
ΣΙ. Grappe de raisin. Æ. 3.
Rare.

520. *Locri Epicnemidii.* — Tête de Pallas à gauche. ℞. ΛΟΚΡΩN.
Foudre ailé. Æ. 3.

521. — Autre. Æ. 4.

522. — Tête de Pallas casquée à gauche ; derrière un objet indéterminé sur une table. ℞. Λ. Pégase volant à gauche. Æ. 5.
Belle.

Phocide.

523. — Tête de bœuf de face. ℞. ....OK. Tête laurée d'Apollon à droite dans un carré creux. AR. 3.

524. — Autre. AR. 2.

525. — Autre. AR. 1.

526. — Tête de bœuf de face, ornée de bandelettes. ℞. Monogramme dans une couronne.
Deux pièces variées.

Boeotie.

527. — Bouclier béotien. ℞. BOI. Diota. AR. 2.
Deux pièces.

528. Même type. ℞. ΒΟΙΩΤΩΝ. Trident, Dauphin. Æ. 2 et 2 1/2.
Deux pièces.

529. *Thebæ.* — Tête barbue à droite. ℞. ΘΕΒΑΙ. Vase d'où sortent des palmes. Æ. 2 1/2.

530. *Thespiæ.* — Tête de femme voilée à droite. ℞. ΘΕΣΠΙΕΩΝ. Lyre dans une couronne de laurier. AR. 3.

Attique.

531. *Athenae.* — Tête de Pallas casquée à droite. ℞. Chouette, branche d'olivier, croissant. Æ. 5.
Flan globuleux.

532. — Même tête. ℞. ΑΘΕ. Deux chouettes *de face*, se regardant. Æ. 1.

533. — Tête de Pallas. ℞. Chouette. Æ. 2 et 3.
Quatre petits bronzes variés.

534. — Même tête. ℞. ΑΘΕ. Chouette, feuille d'olivier. AR. 1.

535. — Même tête ℞. Α... Chouette dans une couronne. AR. 2.

536. — Même tête. ℞. Chouette éployée, diota. Æ. 4.

537. — Même tête. ℞. ΑΘ. Trépied, foudre. Æ. 4 1/2.
Deux pièces.

538. — Buste de Pallas casquée à droite. ℞. ΑΘ. Diota; au dessus un rameau. Æ. 4.

539. — Tête de Cérès à droite couronnée d'épis. ℞. ΑΘΕ. Pavot et deux épis liés ensemble. Æ. 2 1/2.
Deux pièces.

540. — Tête de Pallas casquée à droite. ℞. ΑΘΕ. Jupiter nu marchant à droite, lançant la foudre de la main droite, le bras gauche étendu ; à ses pieds un aigle. Æ. 4.
Deux pièces.

541. — Autres mêmes types ; au lieu de l'aigle, un astre entre deux croissants. Æ. 4.

542. — Autre avec les bonnets des dioscures. Æ. 4.

543. — Même tête. ℞. AΘE. Sphinx à droite. Æ. 4.

544. — Buste de Pallas à droite. ℞. ....ΛΙΩΝ. Crâne de bœuf orné de bandelettes. Æ. 5.

545. — Autre. ℞. AΘHNAIΩN. Minerve marchant à droite et regardant vers la gauche, armée de la haste et du bouclier. Æ. 6.

546. — Autre. ℞. AΘHNAIΩN. Minerve assise à gauche tient dans la droite une victoire ; derrière un bouclier. Æ. 5.

547. — Autre. ℞. Minerve debout à gauche, armée de la lance et du bouclier, devant un autel ; à ses pieds un serpent. Æ. 6.

548. — Autre. ℞. Minerve debout à gauche, tenant dans sa droite une petite victoire, et dans la gauche la haste et le bouclier ; à ses pieds un serpent. Æ. 6.

549. — Autre. ℞. AΘHNAIΩN. Pallas armée, debout et de face. Æ. 5.
Deux pièces.

550 — Tête de Méduse de face. ℞. AΘ. Minerve marchant à droite la lance en arrêt ; dans le champ un astre. Æ. 5.

551. *Eleusis.* — Cérès assise sur un char traîné par deux dragons ailés, à gauche, et tenant dans la droite un épi. ℞. ΕΛΕΥΣ. Truie marchant à droite ; au dessous, symboles variés. Æ. 3.
Deux pièces.

552. — Même type. ℞. ΕΛΕΥΣ. Truie à droite dans une couronne d'épis. Æ. 2.

553. *Megara.* — MEΓ. Proue de navire. ℞. Colonne ou obélisque entre deux dauphins. Æ. 2 ; MEΓ dans une couronne. Æ. 3.
Deux pièces.

554. — MEΓ. Proue. ℞. Trépied entre deux dauphins. Æ. 3.

555. — Tête laurée d'Apollon à droite. ℞. MEΓAPEΩN ....NY-CIOY. Lyre. Æ. 4.

556. — .....CEOYEPOΓ. Tête laurée de Septime-Sévère à droite. ℞. MEΓAPEΩN. Pallas combattant à droite. Æ. 6.

Iles voisines de l'Attique.

557. *Ægina.* — Deux dauphins, au milieu la lettre A. ℞. Aire en creux divisée en cinq compartiments d'inégale grandeur. Æ. 2.
Quatre pièces.

558. — Proue. ℞. Tête de bélier à droite. Æ. 3.

559. — Tortue de mer. ℞. Aire en creux divisée en cinq parties inégales. AR. 1 1/2.

560. — Autre, flanc épais. AR 1.

561. — Autre. AR. 4.

562. — Autre. AR. 4 1/2.

563. *Salamis.* — Tête d'Apollon à droite. ℞. ΣAΛΛ. Bouclier béotien sur lequel est l'épée d'Achille. Æ. 4.
Rare.

Achaïe.

Monnaies de la ligue achéenne.

564. *Aegira ?* — Tête laurée de Jupiter à droite. ℞. ΙΠΠ. Monogramme achéen au dessous de la partie antérieure d'une chèvre à droite ; le tout dans une couronne de laurier. AR. 3.

565. *Antigonea.* — Même tête. ℞. AN. CΩ. Monogramme et couronne. AR.3.

566. *Elis regio.* — Même tête. ℞. Monogrammes d'Elide et d'Achaïe ; au dessous un foudre, couronne de laurier. AR. 3.

567. *Patrae.* — Même tête. ℞. AΠ. Monogramme achéen, dauphin. AR. 3.

568. *Philius.* — ΠΑΣΩΝ. Jupiter debout dans un grenetis. ℞. ΦΛΕΙΑΣΙΩΝ ΑΧΑΙΩΝ. Femme assise à gauche. Æ. 5.

569. — Tête de femme à droite. ℞. Monogramme achéen ; au-dessous un loup marchant à droite. Æ. 3.

---

570. *Corinthus.* — Tête de Pallas casquée à gauche ; derrière une figure debout tenant dans la droite un flambeau. ℞. Pégase à gauche, au-dessous le *Koph.* AR. 5.

571. — Deux autres variétés de la précédente. AR. 5.

572. — Pégase à gauche. ℞. Tête de Pallas dans un carré creux. AR. 4.

573. — CORINT. Dauphin. ℞. Trident. Æ. 3.

574. — Pégase à gauche. ℞. Trident, dans le champ une torche. Æ. 2.

　　Trois pièces.

575. — Tête de femme à droite. ℞. Q. CAECIL. NIGR. C. HEIO. P. M. II. VIR. Bellérophon monté sur Pégase et combattant la Chimère. Æ. 6.

576. — AVGVSTVS CORINTHI. Tête d'Auguste à droite. ℞. CNEIO. POLLIONE, ITER. C. MVSSIDIO. PRISCO. II. VIR. L'inscription en quatre lignes dans une couronne d'ache. Æ. 5.

577. L. FVRIO. LABEONE, II.. VIR. Même tête à gauche. ℞. L. ARRIO. PEREGRINO. II. VIR. Temple hexastyle sur le fronton duquel on lit GENT. IVL. Æ. 5.

578. —CAIVS. CAESAR. Tête de Caligula à droite. ℞. M. BELLIO. Pégase à droite. Æ. 5.

579. — ... CAESAR. Même tête. ℞. ... PROCVLO. Même type. Æ. 5

580. — Tête de Néron à droite. ℞. P. MEM. CLEAND... L'empereur en toge debout sur une estrade, la main droite étendue ; dans le champ. ADLO. AVG. Æ. 5.

581. *Patrae.* —Tête barbue d'Hercule à droite. ℞. ΑΡΧΙΚΡΑΤΗC. ΔΙΚΑΙΑΡΧΟΥ ΠΑΤΡΕΩΝ. Pallas marchant à droite ; dans le champ le monogramme de Patras. Æ. 5.

582.—Même type. ℞. ΜΗΤΡΟΔωΡΟС. ΜΕΝΕΚΛΕΟС. ΠΑΤΡΕΩΝ. Même type ; devant, monogramme; dans le champ à droite une chouette. Æ. 5.

583.—DIVVS. AVGVSTVS. PATER. Auguste à gauche. ℞. COL. A.A. PATRENS. Prêtre debout tenant dans la gauche un étendard et conduisant deux bœufs à gauche. Æ. 7.

584. M.AVR. ANTONINVS.. Tête laurée de Caracalla à droite. ℞. COL... PATR. Mercure Criophore assis à gauche.

585. — Autre, même tête. ℞ ...A.A. PATR. Mercure Criophore assis à gauche dans un temple distyle. Æ. 4.

586. *Sycion.* — Colombe volant à droite. ℞. ΣΚΛΕΑΝΔΡΟΣ dans un carré creux. AR.

587. — Colombe volant à gauche au milieu d'une couronne d'olivier. ℞. Colombe battant des ailes à gauche. AR. 4.

588. — Tête laurée d'Apollon, à droite. ℞. ΙΣ. Colombe volant à gauche. AR. 2.

589. — Chimère à gauche. ℞. Colombe à gauche. Æ. 3.
    Deux pièces.

590. — ΑΝΔΡΟΤΙΜΟΣ. Colombe debout à gauche. ℞. ΣΙ. Trépied dans une couronne. Æ. 3.

Elide.

591. — Tête laurée de Jupiter à droite. ℞. ΓΑΛΕΙΩΝ en trois lignes dans une couronne. Æ. 4.
    Belle.

Céphalénie.

592. *Cranium.* — Bélier. ℞. Arc. Æ. 3.

593. *Pallenses.* — Tête de femme à droite. ℞. Monogramme composé des lettres ΠΑ occupant tout le champ. Æ. 3.

594. — Dauphin à droite. ℞. Un grain d'orge dans la lettre Η. Æ. 3.

595. *Same.* — Tête casquée à droite. ΣΑΜΑΙΩΝ. Tête de bélier à gauche. Æ. 2.

Messénie.

596. — Tête de Cérès couronnée d'épis à droite. ℞. ΔΑΜΙΩΝ. Jupiter foudroyant; devant lui un trépied , et dans le champ le monogramme ME. Æ. 4.
    Deux pièces variées.

597. *Pylus.* — Tête diadémée de Neptune à droite , une petite tête en contremarque. ℞. ΕΠΙ ΔΙΟΣΚΟΥ. Trident entre deux dauphins. Æ. 5.

Laconie.

598. *Lacedaemon.* — Tête barbue d'Hercule à droite. ℞. ΛΛ.ΝΙ.

Massue surmontée d'un caducée; le tout dans une couronne de
laurier. Æ. 6.

599. — Autre. ℞. ΛΑ. ΙΕ. Mêmes types. Æ. 6.

600. — Autre. ℞. ΛΑ......ΔΙ.ᵉ Mêmes types. Æ. 6.

601. — Aigle à gauche, étoile et contremarque. Æ. ΛΔ. Foudre
ailé. Æ. 6.

602. — Tête virile imberbe à droite. ℞. ΛΑ. ΦΙ. Aigle. Æ. 4.

603. — Têtes accolées des Dioscures à droite; au-dessus deux
étoiles. ℞. ΛΔ. Deux *diota* dans une couronne de laurier. Æ.
3 et 4.
   Deux pièces.

604. — Tête nue et imberbe de Commode à droite, avec le *paludamentum*. ℞. ΛΑΚΕΔΑΙΜΟΝΙΩΝ en quatre lignes dans une
couronne. Æ. 4.

605. *Pyrrhicos.* — Tête imberbe d'Hercule coiffée de la peau de
lion, à droite. ℞. HYPPI en deux lignes, massue et bouclier.
Æ. 2 1/2.
   Pièce infiniment rare et d'une parfaite conservation.

Argolide.

606. — Partie antérieure d'un loup à gauche. ℞. A. Æ. 2.

607. — Même type. ℞. La lettre A; au-dessous, un croissant.
AR. 3.

608. — Même type à droite. ℞. ΤΡΥΙΙΙC. Bonnets des Dioscures
au-dessous de la lettre A dans un carré creux. AR. 3.

609. — Autre. ℞. ΠΡ. A au-dessous, une massue. AR. 3.

610. *Epidaurus.* — Tête laurée d'Aesculape à droite. ℞. Monogramme dans une couronne. Æ. 2.

611. *Thyrea.* — Tête à droite. ℞. Phare entre un bonnet et
un autre symbole indéterminé. Æ.

Arcadie.

612. — Tête imberbe à gauche, derrière I. ℞. Monogramme ar-
cadien; dans le champ, *Syrinx* et la lettre I. AR. 2.
   Rare.

613. — Tête imberbe à gauche. ℞. Même monogramme, *Syrinx.*
Æ. 3.

614. *Megalopolis.* — Tête de Jupiter laurée à gauche. ℞. ΜΕΓ.
ΑΕΦΑΙ. Pan assis sur un rocher, la main droite élevée au-
dessus d'un aigle, le tout dans une couronne. Æ. 5.
   Rare.

615. *Pheneus.* — Tête de Mercure à droite avec le *pétase* attaché
par derrière. ℞. ϶Φ. Bélier debout à droite; au-dessus un caducée.
   Très rare et bien conservée.

616. *Tegea.* — Tête casquée de Pallas à droite. ℞. Louve allaitant un enfant à droite. Æ. 3.

617. *Thelpusa.* — Tête radiée du soleil, à droite. ℞. ΘΕΛ dans une couronne. Æ. 4.
    Rare.

Crète.

618. — ... ΤΡΑΙΑΝΟC... Buste lauré de Trajan à gauche. ℞. ΚΟΙΝΟΝ ΚΡΗΤΩΝ. Europe assise sur un taureau courant à droite. Æ. 6.
    Rare.

619. —...ΑΔΡΙΑΝΟC... Tête laurée d'Hadrien à droite. ℞. ΚΟΙΝΟΝ ΚΡΗΤΩΝ. Femme debout vêtue de la *stola*, tenant une patère dans la main droite et une corne d'abondance dans la gauche ; devant, un autel. Æ. 4.

620. *Aptera.* — Tête de femme à droite. ℞. ΑΗΤΑΡΑΙΩΝ. Guerrier marchant à gauche armé de deux javelots et couvert d'un bouclier. Æ. 4.

621. *Cnossus.* — Tête laurée de Jupiter. ℞. ΚΝ... Labyrinthe quadrangulaire. Æ. 5.

622. — Tête jeune à gauche. ℞. Labyrinthe carré. Æ. 3.

623. — Tête de Diane à droite, carquois derrière le dos. ℞. ΚΝΩΣΙΩΝ. Arc et carquois. Æ. 6.

623 bis. *Cydonia.* — Tête laurée d'Apollon, à droite. ℞ ΚΥΔΩ. Croissant. Æ. 3.

624. *Eleuthernae.* — Tête laurée d'Apollon, à droite. ℞. ..... ΘΕΡΝΑΙΩΝ. Figure assise sur un rocher, à gauche, tenant une pomme dans la droite. Æ. 4.

625. *Gortyna.* — Femme assise sur un tronc d'arbre, à sa droite un oiseau. ℞. ΓΟΡΤ... Europe enlevée par le taureau, à gauche dans une couronne. Æ. 4.

626. — Tête laurée d'Apollon à droite. ℞. ΓΟΡ. Taureau cornupète à droite. Æ. 2.

627. *Hierapytna.* — Tête laurée de Caligula, à droite. ℞. ΙΕΡΑΠΥΤΝΙΩΝ. Aigle éployé à gauche ; derrière, un palmier. Æ. 5.

628. *Phaestus.* — Tête de Pallas à droite. ℞. Taureau cornupète à gauche ; au-dessus, Φ. Æ.

629. — La lettre Φ au milieu du champ. ℞. Bœuf cornupète à gauche. Æ. 3.
    Deux pièces variées.

630. *Polyrhenium.* — Tête de bœuf de face. ΠΟΛΥ. Fer de lance. Æ. 3.

631. *Rhaucus.* — Trident. ℞. Dauphin. Æ. 3.

632. *Thalassa.* — Tête de Vespasien à droite. ℞. Diane chasseresse décochant une flèche à droite. Æ. 5.

Eubee.

633. *Chalcis.* — Tête de femme de face. ℞. Aigle déchirant un serpent. Æ. 2.
Deux pièces.

634. — Deux autres. Æ. 4.

635. *Histiaea.* — Tête de bacchante, à droite, couronnée de lierre, ayant des pendants d'oreilles et un collier. ℞. ΙΣΤΙΑΙΕΩΝ. Femme assise sur une proue de vaisseau, tenant de la main gauche un mât, la droite posée sur la proue. AR. 3.

636. — Autre semblable. ℞. Variété, monogramme au bas de la proue. AR. 3.

637. — Tête de femme couronnée d'épis à gauche. ...... ΥΓΙΑ. ℞. ΙΣΤΙ. Taureau cornupète à gauche. Æ. 4.
Pièce inedite.

637 bis. *Andrus.* — Tête de Bacchus couronnée de lierre à droite. ℞. ΑΝΔΡΙ. Thyrse; dans le champ une grappe de raisin. Æ. 4.

Iles d'Europe.

638. *Ceos.* — Tête de Jupiter à droite. ℞. ΚΕ. Partie antérieure d'un chien entourée de rayons à gauche. Æ. 4.

639. *Carthaea Ceae.* —Tête imberbe laurée à droite. ℞. ΚΑΡΘΑ. Partie antérieure d'un chien à gauche; dans le champ les lettres ΣΑ; au-dessous une abeille. Æ. 4.

640. —Tête barbue et cornue de Bacchus à droite. ℞. Grand astre. Æ. 3.

641. — Tête d'Apollon laurée à droite. ℞. Astre. — Tête de femme à droite. ℞. Grappe de raisin, astre. Æ. 4.
Deux pièces.

642. *Julis Ceae.* — Tête barbue à droite. ℞. ΙΟΥΛ... Abeille. Æ. 3 et 2. — Tête de femme à droite. ℞. ΙΟΥ. Abeille dans une couronne de laurier. Æ. 1ɪ2.
Trois pièces.

643. — Tête de Bacchus indien à droite. ℞. ΙΟΥ. Grappe de raisin. Æ. 1.
Rare.

644. *Cythnus.* — Tête de femme à gauche. ℞. ΚΥ. Grappe de raisin. Æ. 3.

645. *Delus.* — Tête laurée d'Apollon à droite. ℞. ΔΗ. Lyre. Æ. 1.
Très rare.

646. *Jos.* — Tête d'Homère à gauche. ℞. ΙΗΤ. Palmier. Æ. 3.
Rare.

647. *Melos.* — Diota. ℞. Grenade. Æ. 3.

648. — ΜΗΛΙΩΝ. Tête de Pallas à droite. ℞. Derrière, une gre-

nade. ℞. ΕΠΙ. ΤΙ. ΠΑΝΚΛΕΟC. ΤΟ. Γ en quatre lignes dans une couronne de laurier. *Æ. 4.*
Belle.

649. *Naxus.* — Tête de Bacchus indien, à gauche. ℞. ΝΑ. Cantharum orné de lierre. *Æ. 1.*
Rare.

650. *Siphnus.* — Colombe à gauche. ℞. ΣΙ dans une couronne de laurier. *Æ. 2, 3 et 4.*
Cinq pièces.

651. — ΣΙ. Corbeau éployé de face. ℞. Trépied dans une couronne. *Æ. 3.*

652. — ΣΙΦ. Même type. ℞. Tête de femme à droite. *Æ. 3.*

653. — ΣΙ. Chimère à gauche. ℞. Ι. Colombe à gauche. AR. *4.*
Belle.

653 *bis. Syrus.* — Tête diadémée à droite. ℞. Chèvre debout devant un épi. Abeille en contremarque. *Æ. 3.*

654. *Tenus.* — Tête virile imberbe à droite, avec une corne de bélier. ℞. ΤΗΝΙ. Grappe de raisin dans le champ, un trident. *Æ. 4.*
Belle.

ASIE.

Bosphore Cimmérien.

655. *Phanagoria.* — Tête nue et barbue à droite. ℞. ΦΑ. Arc et flèche. *Æ.*
Très rare.

Pont.

656. *Amasia.* — Tête nue imberbe, à droite. ℞. ΑΜΑΣΣΕΙΑΣ. Corne d'abondance entre les bonnets des Dioscures. *Æ. 4.*

657. *Amisus.* — Tête jeune casquée, à droite. ℞. ΑΜΙΣΟΥ. Carquois, croissant, astre et monogramme. *Æ. 5.*
Deux pièces.

658. — Tête laurée de Jupiter à droite. ℞. ΑΜΙΣΟΥ. Aigle sur un foudre les ailes éployées. *Æ. 4.*
Très belle.

659. — Ægide ornée au centre de la tête de Méduse. ℞. ΑΜΙΣΟΥ. Victoire marchant à droite, tenant sur l'épaule gauche une palme à laquelle est attachée une bandelette. Monogrammes. *Æ. 4.*

660. — Autre. *Æ. 5.*

660 *bis.* — Tête de Bacchus ceinte de lierre. ℞. ΑΜΙΣΟΥ. Cyste mystique entre deux monogrammes. *Æ. 5.*

660 *ter.* — Tête de femme coiffée d'une couronne élevée. ℞. ΜΗΝΟΚΛΕΟΣ. Chouette éployée, de face. AR. 3.

661. *Chabacta.* — Tête casquée à droite. ℞. KABAK. Carquois, dans le champ un carquois, astre et croissant, monogramme. Æ. 4.

662. *Comana.* — Ægide ornée au centre d'une tête de Méduse. ℞. KOMANΩN. Victoire marchant à droite, portant une palme sur l'épaule gauche ; dans le champ un monogramme. Æ. 4. 1/2.

Rois du Bosphore.

663. *Sauromates II.* — T. IOΥΛIOΥ... Couronne placée sur une chaise curule entre un bouclier et une torche allumée. ℞. MH au milieu d'une couronne de chêne. Æ. 7.
. *Rare.*

664. *Rhescuporis Ier.* — TIBEPIOC..... PHCKOΥΠOPIC. Buste diadémé de Rhescuporis Ier entre une massue et un trident. ℞. Cavalier en course, à droite, et agitant une lance. Æ. 8.
Très rare.

665. *Sauromates III.* — BACIΛEωC CAΥPOMATOΥ. Tête diadémée de Sauromates III à droite, coiffée de longs cheveux et revêtu de la *chlamyde.* ℞. MH dans une couronne de chêne. Æ. 7.
Belle.

666. *Cotys II.* — BACIΛEωC KOTΥOC. Tête laurée à droite. ℞. MH. Victoire à gauche. Æ. 5.

667. — .....KOTΥOC. Même tête. ℞. MH dans une couronne de chêne. Æ. 5.

668. *Rhoemetalces.* — BACIΛEωC POIMHTAΛKOΥ. Tête diadémée à droite ; devant, un trident. ℞. MH dans une couronne de chêne. Æ. 7.
Très belle, rare.

669. — Même légende et même type. ℞. MH. Bouclier rond attaché une lance, à gauche, une tête de cheval et une hache ; à gauche une épée et un autre symbole peu distinct. Æ. 6.
Très rare.

670. *Sauromates VI.* — BACIΛEωC CAΥPOMATOΥ. Tête à droite. ℞. MH. Victoire marchant à gauche, tenant dans la droite une couronne et dans la gauche une palme. Æ. 7.
Rare.

671. *Thothorses.* —BACIΛEωC ΘOΘOPCOΥ. Tête à droite. ℞. Tête laurée de Dioclétien à droite avec la date AΘΦ (591) ; devant la tête le signe Φ. Æ. 4 1/2.
Rare.

Paphlagonie.

672. *Amastris* — ..... ANTΩNEINOC. Tête laurée d'Antonin, à droite. ℞. AMAΣTPIANΩN. Pallas à gauche. Æ. 6.

673. *Sinope.* — Tête de Jupiter à droite. ℞. ΣΙΝΟΠΗΣ. Aigle sur un foudre, regardant à droite. Æ. 4.
Deux pièces.

674. — Autre. Æ. 7.

675. — Aegide avec la tête de Méduse. ℞. ΣΙΝΟΠΗΣ. Victoire à droite et retournée vers la gauche tenant dans la droite une couronne et sur l'épaule gauche une palme. Monogramme. Æ. 5.

676. — Tête tourrelée de femme à gauche. ℞. ΣΙΝΩ. Proue de vaisseau à gauche. Dans le champ un monogramme. AR. 3.

Bithynie.

677. *Bithynia in genere.* — ..... ΚΑΙC. ΤΡΑΙ. ΑΔΡΙΑΝΟC..... Tête diadémée d'Hadrien à droite. ℞. ΒΕΙΘΥΝΙΑC. Temple octostyle. Æ. 7.

678. *Apamea Myrlea.* — SAB. TRANQVILINAE AVG. Tête de Tranquilline à droite. ℞. C. I. CA. APA. D. D. Galère montée par des rameurs. Æ. 6.
Rare et belle.

679. — M. IVL. PHILIPPVS. CAES. Tête nue de Philippe jeune, à droite. ℞. Semblable à la précédente. Æ. 6.
Rare.

680. — ΔΠΑΜΕΩΝ. Tête laurée d'Apollon à droite. ℞. ΤΩΝ ΜΥΡΑΕΔΝΩΝ ΓΑΣ. Lyre. Æ. 6.
Rare et fleur de coin.

681. *Cius.* — Tête d'Hercule jeune, couverte de la peau de lion. ℞. ΚΙΑΝΩΝ entre un carquois et une massue. Æ. 5.
Rare et bien conservée.

682. — *Heraclea.* — ΑΥ. ΚΑΙ. ΓΑΛΛΙΗΝΟC. CEB. Tête laurée de Gallien à droite. ℞. ΗΡΑΚΛΗΑC. N..... Urne des jeux avec deux palmes, sur une table carrée. Æ. 5.

683. *Nicaea.* — ΝΙΚΑΙΕΩΝ. Tête de Bacchus, couronnée de lierre à droite. ℞. ..... ΠΑΠΙΡΙΟΥ ΚΑΒΡΩΝΟ..... Thyrse. Æ. 5.

684. — .....C. ΚΑΙCΑΥ. Tête nue de *Caïus Caesar* à droite. ℞. ΝΙΚΑΙΕΩΝ. Serpent replié sur lui-même et dressant la tête. Æ. 3.
Inédite.

685. — ΑΥΤ. Κ. Π. CΕΠΤ. ΡΕΤΑC. CEB. Tête laurée de Géta à droite. ℞. ΝΙΚΑΙΕΩΝ. Télesphore. Æ. 9.
Non décrite par Mionnet.

686. — ΑΛΕΞΑΝΔΡΟC. ΑΥΓ. Tête diadémée d'Alexandre Sévère à droite. ℞. ΝΙΚΑΙΕΩΝ, Trois enseignes militaires. Æ. 5.

687. — Γ. ΠΟΥΒ. ΛΙΚ. ΕΓΝΑ. ΓΑΛΛΗΝΟC. Tête diadéméede Gal-

lien à droite. ℞. ΝΙΚΑΙΕΩΝ. Femme *tutulée* tenant de la droite une patère et de la gauche une haste transversale. Æ. 6.

688. *Nicomedia.* — ΝΙΚΟΜΗΔΕΩΝ. Tête laurée de Jupiter Olympien à droite. ℞. ΕΠΙ.ΓΑΙΟΥ.ΠΑΠΙΡΙΟΥ.ΚΑΒΡΩΝΟΣ. Rome assise sur un trophée, tenant dans la droite une petite Victoire, et dans la gauche la haste. Au bas ΡΩΜΗ, et dans le champ un monogramme. Sous le siége la date ΔΚΞ (an 224). Æ. 6.

689. — Autre. Mêmes types, monogramme différent. Æ. 6. *Belle.*

690. — Tête de Domitien à droite. ℞. Bouclier. Æ. 5.

691. — ΙΟΥ. ΟΥΗ. ΜΑΞΙΜΕΙΝΟΓ. ΑΥΓ. Tête laurée de Maximin à droite. ℞. ΝΙΚΟΜΗΔΕΩΝ ΔΙΓ ΝΕΩΚΟΡΩΝ. Cérès debout, vêtue de la *stola*, tenant des épis dans la main droite et un flambeau dans la gauche. Æ. 6.

692. *Tium.* — ΑΥΡΗΛΙΟΓ ΚΑΙΓΑΡ. Tête nue de Marc-Aurèle à droite. R. ΤΙΑΝΩΝ. Jupiter debout, vêtu du *pallium*, appuyé sur la haste et tenant une *patère* dans la main droite. Æ. 4.

Rois de Bithynie.

693. *Prusias II.* — Tête ailée et diadémée de Prusias à droite. ℞. ΒΑΣΙΔΕΩΞ ΠΡΟΥΣΙΟΥ. Hercule debout, la main droite posée sur la massue et tenant sous son bras gauche la dépouille du lion. Æ. 3.

694. — Tête laurée d'Apollon à gauche. ℞. ΒΑΣΙΑΕΩΣ ΠΡΟΥΣΙΟΥ Victoire casquée à gauche. Æ. 7.

695. — Tête de Bacchus, ceinte de lierre, à droite. ℞. ΒΑΣΙΑΕΩΣ ΠΡΟΥΣΙΟΥ. Centaure à droite; monogramme. Æ. 5. *Belle.*

MYSIE.

696. *Adramytium.* — Tête laurée de femme à gauche. ℞. ΑΔΡΑΜΥΤΗΝΩΝ. Corne d'abondance entre les bonnets des Dioscures. Æ. 4.

697. *Antandrus.* — Tête laurée d'Apollon à droite. ℞. ΑΝΤΑΝ. Tête de lion tournée à droite, la langue pendante; dans le champ, une grappe de raisin. Æ. 2. *Rare et bien conservée.*

698. *Assus.* — Tête casquée de Pallas à droite. ℞. Griffon accroupi à gauche; dessus, un fer de lance. Æ. 3.

699. *Atarnea.* — Tête laurée d'Apollon à droite ℞. ΑΤΑΡ. Partie antérieure d'un cheval à droite. Æ. 1. *Rare.*

700. *Cyzicus.* — ΚΥΖΙΚΟΓ. Tête de Cyzicus à droite. ℞. ΓΤΡΑ... ΑΡ. ΠΑΥΛΟΥ. ΚΥΖΙΚΩΝ. ΝΕΟΚΟ. Deux torches allumées en-

lacées chacune d'un serpent; au milieu, une petite figure debout.
Æ. 6.
Belle.

701. — Même légende et même tête. ℞. KYZIKHNΩN ΔIC
NEOKOPΩN en cinq lignes dans une couronne de laurier.
Æ. 6.

702. — Tête de Proserpine à droite. ℞. KYZI. Trépied, monogramme. Æ. 3.

703. — Même tête, contremarque. ℞. KYZI et monogramme dans
une couronne de chêne. Æ. 4.

704. — Autre. ℞. KYZI. Massue surmonté d'un caducée et d'un
croissant dans le champ un monogramme; le tout entouré par
deux palmes. Æ. 4.

705. — Tête de bœuf avec le col tourné à droite. ℞. KYZI et monogramme dans une couronne de chêne. Æ. 2.

706. — AY. KAI. M. AYP. KOMMOΔOC. Tête laurée de Commode à droite. ℞. KYZIKH NEOKOP. Galère avec des rameurs,
à gauche. Æ 7.

707. — A. K. M. ANT. ΓOPΔIANOC. Tête laurée de Gordien III
à droite. KYZIKHNΩN. Massue terminée en caducée. Æ. 4.
Très belle.

708. *Germe.* — IEPA ΓEPMH. Tête tourrelée de femme à droite.
℞. ΓEPMHNΩN. Pallas debout, tenant dans la gauche la haste
et le bouclier, et dans la droite une patère au dessus d'un petit
autel. Æ. 5.

709. — TYXH ΠOΛEOC. Même tête. ℞. ΓEPMHNΩN. Même
type sans l'autel. Æ. 5.
Belle.

710. *Lampsacus.* — Double tête imberbe comme celle de Janus.
℞. Cheval marin ailé. Æ. 3.
Rare mais fruste.

711. — Tête laurée d'Apollon à droite. ℞. ΛAMΨAKHNΩN.
Pallas debout tournée vers la gauche tenant dans la droite une
petite victoire, et la gauche appuyée sur son bouclier. Æ. 4.

712. — CEBAΣTOY ΛAMΨAXH. Auguste lauré à droite. ℞ IEPA
CYNKAHTOC. Tête du sénat à droite. Æ. 3.

713. — *Parium.* Tête de Méduse de face. ℞. ΠAPI. Aigle éployé
de face. Æ. 5.

714. — Même tête dans un grenetis. ℞. ΠAPI. Chouette de face,
posée sur une palme. Æ. 3.

715. — AVG. Tête nue d'Auguste à droite. ℞. Deux figures *togées*
conduisant deux bœufs à droite. Æ. 4.
Deux pièces bien conservées.

716. — Tête de Commode à droite. ℞. Hippocrate assis guérissant
un bœuf. Æ. 5.
Très rare mais un peu fruste.

717. *Pergamus.* — Tête laurée d'Aesculape à droite. ℞. ΑΣΚΛΗ...
ΣΩΤΗΡΟΣ. Serpent enroulé autour du bâton d'Aesculape.
Æ. 3.
Deux pièces.

718. — Même tête. ΑΣΚΛΗΠΙ.Υ ΣΩΤΗΡ.Σ. Serpent replié.
Æ. 5.

719. — Autre. Æ, 4.

720. — Tête casquée à droite. ℞. ΠΕΡΓ. Victoire debout à droite.
Æ. 3.

721. — ΘΕΩΝ CYNKΛHTON. Tête jeune du Sénat à droite. ℞.
ΘΕΑΝ ΡΩΜΗΝ. Tête jeune à droite. Æ. 3.

722. — Ciste dans une couronne. ℞. Deux serpents enlacés autour
d'un carquois, trois monogrammes; dans le champ un thyrse
entouré par un serpent. ΛR. 7.

Rois de Pergame.

723. *Philetaire.* — Tête de Pallas à droite. ℞. ΦΙΛΕΤΑΙΡ.....
arc. Æ. 2.

724. — Même tête. ℞. ΦΙΛΕΤΑΙΡΟΥ. Feuille de lierre. Æ. 2.

725. *Attalus II.* — Tête de Pallas à droite. ℞. ΦΙΛΕΤΑΙΡΟΥ.
Serpent dressé ; dans le champ. Σ. Æ 2 1/2.
Deux pièces.

TROADE.

726. *Abydus.* — Tête de Méduse hérissée de serpents. ℞. La lettre
A et une écrevisse dans les branches d'une ancre. ΛR. 2.

727. — Tête laurée d'Apollon à droite. ℞. ΛBY. Aigle tourné à
droite ; devant, une petite tête. Æ. 4.

728. — Buste de Diane de face. ℞. Aigle éployé regardant à droite.
Æ. 2.

729. *Alexandria Troas.* — Tête laurée d'Apollon vue de face. ℞.
ΑΛΕΞΑΝ. Lyre dans une couronne. Æ. 4.

730. — COL..... TROAD. Tête de femme à droite. ℞. CO.....
TRO. Aigle éployé à droite, et posé sur une tête de bœuf.
Æ. 4.

731. — CO. TROAD. Tête de femme tourrelée à droite. ℞. COL.
ΛVG. TRO..... Romulus et Rémus allaités par une louve.
Æ. 5.

732. — Même tête. ℞. COL. ΛVG. TRO..... Cheval paissant.
Æ. 5.

733. — IMP. CAI. M. ΛVR. COMMODVS. Tête laurée de Commode à droite. ℞. COL. ΛVG. TROA. Cheval paissant à droite.
Æ. 6.

734. — IMP. ΛVR. SEV. ALEXANDER. Tête d'Alexandre Sévère
à droite. ℞. COL. ALE. Cheval paissant. Æ. 5.

735. — IMP. LICINI. VALERIAN. Tête laurée de Valerien, à droite. ℞ COL. AVG. TRO. Aigle éployé de face, regardant à droite, et tenant dans ses serres une tête de bœuf. Æ. 5.

736. — IMP. C. LICIN. GALLIENVS. Tête laurée de Gallien à droite. ℞. COL. AV. TRO. Figure debout tenant une petite victoire dans la droite et une corne d'abondance dans la gauche. Æ. 5.

737. *Ilium.* — Tête de Pallas à droite. ℞. IAI. Minerve Iliade à gauche tenant une haste sur l'épaule droite ; dans le champ, un foudre. Æ. 4.

738. — AYTOK. KECAP..... IANOC. Tête laurée de Vespasien à droite. ℞. TITOC. KAICAP. ΔOM..... IAI. Statue de Pallas debout sur une base entre les deux bustes affrontés de Titus et Domitien, la première laurée et la seconde nue. Æ. 5.
  Rare.

739. — ΦAVCTINA CEBACT. Tête de Faustine jeune à droite. ℞. EKTΩP IAIEΩN. Hector combattant et posant le pied gauche sur un char. Æ. 8.

740. *Ophrynium.* — Tête barbue, de face, avec des oreilles de bœuf et coiffée d'un casque à trois aigrettes. ℞. OΦPY. Bacchus enfant, assis à terre, tenant dans la droite une grappe de raisin. Æ. 2.
  Rare.

741. *Sigeum.* — Tête de Pallas de face. ΣIΓE. Chouette avec un croissant. Æ. 2 1/2.
  Rare.

742. *Scepsis.* — Cheval marin ailé à gauche. ℞. ΣK. Arbre au milieu d'un carré indiqué par quatre lignes. Æ. 4.

Ile de la Troade.

743. *Ténédos.* — Tête juvénile imberbe à droite. ℞. TE. Hache à deux tranchants. Æ. 1.
  Très rare.

Aeolie.

744. *Aegae.* — Tête d'Apollon à droite. ℞. Tête de chèvre avec le col, tournée vers la droite. Æ. 4.
  Rare.

745. — Tête casquée à droite. ℞. AIΓAEΩN Jupiter nu et debout la haste à la main. Dans le champ un monogramme. Æ. 4.

746. *Cyme.* — Buste de Diane pharétrée, à droite ; derrière, carquois et arc. ℞. KY. Vase à une anse entre deux branches de laurier. Dans le champ AΠATOYPIOΣ. Æ. 4.
  Belle.

747. — Oiseau à droite. ℞. KY. Même vase. Æ. 2.

748. — KY. Partie antérieure d'un cheval à droite. ℞. Même vase
Æ. 3.
Deux pièces variées.

749. — Tête de femme à droite. ℞. KYMAIΩN. Cheval à droite
devant un vase. Æ. 5.

750. — Autre même type. ℞. KYMAIΩN. Mêmes types, au dessous
ΠΥΘΑΣ. Æ. 5 1/2.
Rare.

751. — Autre. Æ. 5.

752. — KYMII. ℞. Tête de femme tourrelée à droite. ℞.
KYMAIΩN. Neptune debout, tenant un globe dans la droite
et un trident de la gauche. Æ. 4.

753. — AY. K. Π. ΛΙ. ΓΑΛΛΙΗΝΟΓ. Tête laurée de Gallien à
droite. ℞. ΑΙΑ. ΕΡΜΕΙΑC. ΠΡΥΤ. ΚΥΜΑΙΟC. Neptune debout
à gauche, le pied droit sur une proue de vaisseau, un dauphin
dans la droite et son trident dans la gauche. Æ. 5.
Rare.

754. *Elaea* — Tête de Pallas casquée à gauche. ℞. ΕΛ. Grain
d'orge dans une couronne. Æ. 3.

755. — ΚΑΙCΑΡ. ΚΟΜΜΟΔΟΓ. L'empereur à droite. ℞. ΕΛΑΙ-
ΤΩΝ. Corbeille remplie de fleurs et de fruits. Æ. 2 1/2.
Rare.

756. *Myrhina.* — ΜΥΡΙΝΑΙΩΝ. Tête laurée d'Apollon à gauche.
℞. ΕΠΙ. CΤΡ. ΦΑ. ΚΑΛΛΙ. Lyre. Æ. 4.

757. *Temnus.* — ΤΗΜΝΟC. Tête tourrelée de femme à droite. ℞.
ΤΗΜΝΕΙΤΩΝ. La Fortune debout avec ses attributs. Æ. 4.

758 — ΙΕΡΑ. CΥΝΚΛΗΤΟC. Tête nue du sénat à droite, avec
le *pallium*. ℞. C. AY. CΤΡΑΤΟΝΕΙΚ..... ΤΗΜΝ... Deux Né-
mésis debout. Æ. 6.
Rare.

Lesbos.

759. *Eresus.* — Tête de Cérès à gauche. ℞. ΕΡ. Torche ardente
dans une couronne. Æ. 2.
Rare.

760. *Methymna.* — Tête de Pallas à droite. ℞. ΜΑΘΥ. Diota.
Æ. 2.

761. *Mytilene.* — Tête radiée du soleil à droite. ℞. ΜΥΤΙ. Trépied. Æ. 2.
Très jolie conservation.

762. — Tête de femme à droite. ℞. ΜΥΤΙ. Lyre formée d'un
crâne de bœuf. Æ. 3.

763. — Tête d'Ammon à droite. ℞. ΜΥΤΙ. Terme sur une base.
Dans le champ une couronne et un monogramme. Æ. 3.

764. — ..... M. AY. ΑΝΤΩΝΕΙΝΟC. Tête laurée de Caracalla.

℞. ..... ΠΟ. ΙΟΥ. ΛΕΟΝΤΕΩC. ΜΥΤΙΛΗΝΑΙΩΝ. Caracalla et Geta, debout, vêtus de la toge et se donnant la main. Æ. 9.
>Rare.

Ionie.

765. *Clazomène.* — ΠΑΡΜΕΝΙΣΚΟΣ. Partie antérieure d'un sanglier ailé à droite. ℞. ΚΛΑΖΟΜΕΝΙΩΝ en deux lignes dans un carré creux divisé en quatre parties. Æ. 3.

766. — Tête de Pallas à droite. ℞. ΚΛΑΖΟΜΕΝΙΩΝ. Bélier couché, tourné à droite; devant lui une couronne. Æ. 3.

767. *Colophon.* — Chien molosse marchant à gauche; au-dessus une tête de bélier. ℞. Cheval à gauche; au dessus un astre. Æ. 3.

768. — ΠΥΘΕΟΣ. Homère assis à gauche tenant un livre sur ses genoux et la tête appuyée sur la main droite. ℞. ΚΟΛΟΦΩΝΙΩΝ. Apollon, en habit de femme, marchant à droite, tenant la lyre dans la gauche et le *plectrum* dans la droite. Æ. 4.
>*Pièce rare et d'une très jolie conservation.*

769. *Ephesus.* — Abeille dans une couronne de laurier. ℞. Cerf à droite regardant vers la gauche et placé devant une torche allumée. Æ. 2. — Abeille. ℞. Cerf paissant. Æ. 3. — Abeille. ℞. Cerf à gauche tournant la tête à droite. Æ. 4.
>*Trois pièces.*

770. — Têtes accolées de Drusus et d'Antonia à droite. ℞. Diane d'Ephèse. Æ. 4.
>*Rare.*

771. — Têtes accolées d'Auguste et Livie, sans légende. ℞. ΕΦΕ. ΦΙΛΩΝ. ΥΘΥΚΡΑΤΗΣ. Partie antérieure d'un cerf à droite et retournant la tête vers une torche allumée à gauche. Æ. 5. 1/2.

772. — ΑΥΤ. Κ. Μ. ΑΝΤ. ΓΟΡΔΙΑΝΟC. Tête laurée de Gordien III à droite. ℞. ΕΦΕCΙΩΝ ΚΑΙ ΑΛΕΞΑΝΔΡΕΩΝ ΟΜΟΝΟΙΑ. Diane chasseresse, l'arc en main avec Sérapis, au fond un cerf. Æ. 8.

773. — ΑΥΤ. Κ. ΤΡΑΙΑΝΟC. ΔΕΚΙΟC. Tête laurée de Trajan Dèce à droite. ℞. ΕΦΕCΙΩΝ. Α. ΑCΙΑC. Diane chasseresse debout, tournée à droite, le carquois derrière le dos, une torche dans la droite, arc et flèche dans la gauche. Æ. 5.

774. — ΑΥΤ. Κ. ΠΟ. ΛΙΚΙΝ ΓΑΛΛΙΗΝΟC. Tête laurée de Gallien à droite. ℞. ΕΦΕCΙΩΝ. Δ. ΝΕΩΚΟΡΩΝ. Femme vue de face. Les deux images de Diane et d'Apollon. Æ. 7.
>*Belle conservation.*

775. *Erythrae.* — Tête d'Hercule jeune, à droite. ℞. ΠΟΛΥΚΡΙΤΟΣ ΠΟΛΥΚΡΙΤΟΥ. ΕΡΥ en cinq lignes dans le champ. Æ. 3.

776. — Même tête. ℞. ΕΡΥ. ΑΥΤΟΝΟΜΟΣ. ΑΥΤΟΝΟΜΟΥ en cinq lignes dans le champ. Æ. 3.

777. — Tête de Bacchante couronnée de lierre à droite. ℞. ΕΡΥ.
Grappe de raisin. ΑΥΤΟΝΟΜΟΣ ΑΥΤΟΝΟΜΟΥ en cinq lignes.
Æ. 3.
Jolie pièce bien conservée.

778. — Tête d'Hercule coiffée de la peau du lion. ℞. ΕΡΥ.
....ΥΘΕΡΜΟΣ entre un carquois et une massue. Æ. 2.

779. — ... Μ. ΑΥΡ. ΑΝΤΩΝΕΙΝΟC. Tête d'Elagabal laurée à
droite, devant, une petite tête d'Hercule en contremarque. ℞. ΕΠ.
CTP. ΑΥΡ. ΝΕΙΚΩΝΟC. Β. ΕΡΥΘΡΑΙΩΝ. Hercule debout dans
un temple tétrastyle. Æ. 10.
Rare.

780. *Magnesia.* — Tête casquée à droite. ℞. ΜΑΓΝΗΤΩΝ.
ΕΥΚΛΗ. ΚΡΑΤΙΝ.... Cavalier à droite. Æ. 4.

781. *Miletus.* — Tête laurée d'Apollon à droite. ℞. Lion marchant à droite et regardant un astre à gauche. Æ. 3.

782. *Priene.* — Tête de Pallas à droite. ℞. ΠΡΙΗ. ΑΥΣΑΓ
en deux lignes dans un cercle. Æ. 3.

783 *Phocaea.* — Tête tourrelée de femme. ℞. ΦΩΚΑΕΩΝ. Chien
tourné à droite et dévorant un dauphin. Æ. 5.

784. *Smyrna.* — Tête de femme tourrelée à droite. ℞. ΜΟΣΧΟΣ
ΣΜΥΡΝΑΙΩΝ. Femme debout, vue de face, devant une colonne
et tenant dans la main gauche une petite victoire. Æ. 3.

785. — Autre. ℞. ... ΙΑΣΗ. ΣΜΥΡΝΑΙΩΝ. Même type. Æ. 3.
— Autre. ΜΕΝΙΣΧ .... ΣΜΥΡΝ.... Æ. 3.
Trois pièces.

786. — Tête jeune laurée, à droite; derrière, un monogramme. ℞.
ΣΜΥΡΝ... ΜΕΝΕΚΡΑΤΗΣ ΓΡΙΟΣ. Homère assis à gauche.
Æ. 4.

787. — Même tête. ℞. ΣΜΥΡΝΑΙΩΝ ΞΕΥΞΙΣ. Homère assis à
gauche. Dans le champ une étoile. Æ. 5 1/2.

788. — CΜΥΡΝΑ. Tête de femme tourrelée. ℞. CΜΥΡΝΑΙΩΝ.
Lion marchant à droite. Æ. 4. — CΜΥΡΝΑ. Tête de femme
tourrelée à gauche. ℞. CΜΥΡΝΑΙΩΝ. Proue de vaisseau. Æ. 4.
— ΖΕΥC. ΑΚΡΑΙΟC. Tête de Jupiter *Acraeus* à droite. ℞. Sem-
blable au précédent. Æ. 4.
Trois pièces.

789. — ΝΕΡΩΝ.... Tête laurée de Néron à droite. ℞. ....ΕΣΣΙΟΣ
ΦΙΛΟΠΑΤΡΙΣ... Jupiter assis à gauche, tenant dans la main
droite la haste transversale. Æ. 4.

790. — ΦΟΥΡΙ. ΤΡΑΝΚ..... Tête de Tranquilline à droite. ℞.
ΣΜΥΡΝΑΙΩΝ. *Hercule Bibax* à gauche, avec ses attributs. Æ. 5.

791. — ΑΥΤ. Κ. Π. ΛΙΚ. ΓΑΛΛΙΗΝΟC. Tête laurée de Gallien
à droite. ℞ ΣΜΥΡ. Γ. ΝΕΩΚΟ ΕΠ. C. ΜΑΥΡ CΕΞCΤΟΥ. Amazone
tourrelée debout, tenant dans la main droite un petit temple et

dans la gauche le bipenne et la *pelta*; à ses pieds une proue de navire. *Æ*. 6.

792. *Teos.* — ... OYAΛEPIANOC. Tête de Valérien jeune à droite. R. THIΩN. EIΩNΩN. Anacréon jouant de la lyre, à droite. *Æ*. 5.

Iles d'Ionie.

793. *Chios.* — Sphinx accroupi à droite. R. ΔHMHTPI.. XIOΣ. Amphore. *Æ*. 3.

794. — Sphinx à gauche. R. HMoKPAT.. XIOΣ. Amphore. *Æ*. 2.

795. *Samos.* — Tête de femme à droite. R. Tête de bœuf à droite. AR. 1.

796. — Tête de Junon à droite. R. ΣAMIΩN. Paon sur un caducée; un sceptre sur l'aile gauche; monogramme *Æ*. 4.

797. — Tête de femme à droite. R. ΣAMIΩN. Muffle de lion à gauche. *Æ*. 2. — Autre. R. ΣAMIΩN. Muffle de lion de face. *Æ*. 2.

    Deux pièces.

798. — ....ΛEΞANΔPOC. Tête d'Alexandre Sévère à droite. R. CAMIΩN. Junon-*Pronuba* debout, à ses pieds deux paons. *Æ*. 3.

799. — M. IOY. ΦIΛIΠΠOC. KAICAP. Tête de Philippe jeune à droite. R. CAMIΩN. La fortune debout avec ses attributs. *Æ*. 8.

800. — AYΓ. K. ΠO. ΛIKI. ΓAΛΛIHNOC. Tête laurée de Gallien à droite. R. CAMIΩN. Junon-*Pronuba* de face. *Æ*. 7.

Carie.

801. *Aphrodisias.* — IEPA. CYNKAHTOC. Tête jeune, ceinte d'un diadême à droite. R. AΦPOΔEICIEΩN. Urne avec une palme sur une table. Au dessous ATTAΛΠA. *Æ*. 6.

802. — IEPA BOYΛH. Tête voilée de femme à droite. R. AΦPOΔEICIEΩN. Vénus debout tenant une pomme à sa main. *Æ*. 5.

803. *Cnidus.* — Tête de Vénus à droite. R. ....EΛEΣIΦPΩN. Partie antérieure d'un lion à droite. AR. 3.

    Rare.

804. — Mêmes types. AR. 3.

    Deux pièces.

805. — Tête diadémée d'Apollon aux cheveux bouclés et flottants par derrière. R. Δ.. KNI... AΠOΛΛO. Tête de bœuf avec le cou, à gauche. *Æ*. 3.

    Rare.

806. *Halicarnassus.* — Tête barbue de Neptune. R. ΛΛIK. XAPMY. Trident. *Æ*. 3.

807. *Jasus.* — Tête laurée d'Apollon à droite. R. ...HΣIAΣ. Enfant porté par un dauphin. *Æ*. 3.

808. *Orthosia.* — Tête de Bacchus à droite. R. OPΘΩ... Croissant. *Æ*. 3.

809. *Stratonicea.* — Tête de Diane surmontée d'un croissant. ℞. Victoire tenant une couronne, à droite. Æ. 5.
Belle conservation.

810. *Tripolis.* — Buste de Diane à gauche. ℞. ΤΡΙΠΟΛΕΙΤΩΝ. Jupiter debout, un aigle sur la main droite, et la haste dans la gauche. Æ. 5.
Rare, deux pièces.

Iles de Carie.

811. *Cos.* — Tête d'Hercule de face. ℞. ..ΠΥΡ... ΚΩΙΩΝ. Carquois, massue. Æ. 3.

812. — Tête d'Aesculape à droite. ℞. Serpent enroulé sur un bâton. Æ. 4.

813. — Tête d'Auguste à droite. ℞. ΣΟΦΟΚΛΗΣ ΚΩΙΩΝ. Massue, serpent autour d'un bâton. Æ. 3.

814. *Rhodus.* — Tête radiée du soleil à droite. ℞. PO. Rose ; dans le champ un foudre. Æ. 8.

815. — Même tête. ℞. ΡΟΔΙωΝ. Rose. Æ. 4.

816. — ΡΟΔΙΩΝ. Même tête. ℞. Tête de Sérapis. Æ. 3. — Rose. ℞. Même type. Æ. 1. — Tête de Bacchus couronnée de lierre à droite. ℞. PO. Rose entourée de rayons. Æ. 3.
Trois pièces.

817. — Tête radiée du soleil. ℞. PO. Rose ou fleur du *balaustium* dans un carré creux. Æ. 2.

818. *Telos.* — Tête casquée de face. ℞. ΤΗΛΙ. Crabe. Æ. 2.
Très rare.

Lycie.

819. —ΑΥΤ. ΚΑΙC. ΝΕΡ. ΤΡΑΙΑΝΟC. CΕΒ. ΓΕΡΜ. Tête laurée de Trajan à droite. ℞. ΔΗΜ.ΕΞ.ΥΠΑΤ. B. Deux lyres ; au-dessus une chouette. AR. 4.
Rare, deux pièces.

820. *Myra.* — ΑΥΤ. ΚΑΙ. Μ. ΑΝΤ. ΓΟΡΔΙΑΝΟC. CΕΒ. Tête laurée de Gordien III à droite. ℞. ΜΥΡΕΩΝ. Junon-*Pronuba* dans un temple distyle. Æ. 9.
Rare.

Pamphylie.

821. *Perga.* — Simulacre de la Diane de Perga, assise dans un temple distyle. ℞. ... ΤΕΜ... ΔΟΣ. ΠΕΡΓΑΙΑΣ. Un carquois et un arc. Æ. 3.

822. — ΑΥ. Κ. Μ. ΙΟΥ. ΦΙΛΙΠΠΟC. Tête laurée de Philippe père à droite. Æ. ΠΕΡΓΑΙΑC ΑΡΤΕΜΙΔΟC ΑΣΥΛΟΥ. Temple distyle dans lequel est le simulacre de Diane sous la forme d'un cône surmonté du *modius*. Æ. 6.

823. — AY. K. M. IOY. CEOY. ΦΙΛΙΠΠΟC. Tête laurée de Philippe jeune au dessus d'un globe. ℞. ΠΕΡΓΑΙΩΝ. Satyre cornu assis à gauche sur un rocher, tenant dans la gauche le *pedum*, et dans la droite une patère dans laquelle il boit. Æ. 6. *Inédite.*

824. *Side.* — Tête casquée à droite. ℞. ΣΙΔΗΤΩΝ. Victoire marchant à gauche et tenant dans la main droite une couronne ; dans le champ une grenade. Æ. 3.

Pisidie.

825. *Antiochia.* — IMP. M: IVL. PHILIPPVS AVG. Tête diadémée de Philippe père, à droite. ℞. CAES. ANTIOCHI COL. Aigle sur un vexillum entre deux enseignes militaires; dans le champ S.R. Æ. 7.

826. *Termessus.* — Tête de Jupiter à droite. ℞. TEP. Partie antérieure d'un cheval bridé, galopant à gauche ; dans le champ KΘ, foudre. Æ. 4.

827. — Tête laurée d'Apollon à droite. ℞. ΤΕΡΜΕΣ. Lyre. Æ. 3.

Cilicie.

828. *Aegae.* — Tête d'Hercule à droite. ℞. ΔΙ. Μ.Π. ΑΙΓΕΑΙΩΝ. Massue et carquois. Æ. 3.

829. *Anarzarbus.* — ΑΥΤ. Κ.Π.ΛΙΚ. ΟΥΑΛΕΡΙΑΝΟC. CE. Tête laurée de Valérien père à droite. ℞. ΑΝΑΖΑΡΒΟΥ ΜΗΤΡΟ. ET. B. O. C. A. M. K. Bacchus, la main droite sur sa tête et un thyrse dans la gauche, assis sur une panthère couchée , à droite. Æ. 7. *Rare.*

830. *Seleucia ad Calycadnum.* — AN....;.OC. ΓΟΡΔΙΑΝΟC. CEBAC. Tête laurée de Gordien III à droite, avec un triangle en contremarque. ℞. ΣΕΛΕΥΚΕΩΝ. ΠΡΟC. ΚΑΛΥΚΑΔ. Deux victoires tenant une couronne au dessus d'un trépied. Æ. 8 ?

831. — ΑΥΤ. Κ. Μ. ΙΟΥΛΙΟC. ΦΙΛΙΠΠΟC. CE. Tête diadémée de Philippe père à droite. ℞. ΣΕΛΕΥΚΕΩΝ. ΤΩ. ΠΡΟC. ΚΑΛΥΚΑΔΝΩ. ΕΛΕΥΘΕΡΑC. Deux têtes affrontées, l'une coiffée du *Modius*, l'autre laurée ; dans le champ branche de laurier et corne d'abondance. Æ. 16. *Rare.*

832. *Tarsus.* — Tête de femme voilée et tourrelée, à droite. ℞. ΤΑΡΣΕΩΝ. Base sur laquelle est une pyramide surmontée d'un aigle éployé et ornée d'une figure debout sur un quadrupède ; dans le champ deux monogrammes. Æ. 5.

833. — ΤΑΡCΕΩΝ. Jupiter Aétophore assis à gauche. ℞. ΤΑ. Massue ornée de bandelettes dans une couronne. Æ. 4.

834. — AΥΤ. ΚΑΙ. Μ. ΑΥΡ. ΑΝΤΩΝΕΙΝΟC. Tête laurée de Caracalla à droite. ℞. ΤΑΡCΟΥ. ΤΗC. ΜΗΤΡΟΠΟΛΕΩC. ΓΒ. Au
milieu d'une couronne la légende ΔΗΜΙ. *Æ.* 7.

Chypre.

835. — ΑΥΤΟΚΡ. ΚΑΙC. ΝΕΡ. ΤΡΑΙΑΝΩ. ΑΡΙCΤΩ. CEB.
ΓΕΡΜ. ΔΑΚ. Tête diadémée de Trajan à droite. ℞. ΚΟΙΝΟΝ
ΚΥΠΡΙΩΝ. ΔΗΜΑΡ Χ. ΕΞΥΠΑΤΟ. S. Vénus-*Paphia* au milieu
de son temple. *Æ.* 7.
836. — Μ. ΑΝΤΩΝΕΙΝΟC. ΑΥΓΟΥCΤΟC. Tête laurée de Caracalla à droite. ℞. ΚΟΙΝΟΝ ΚΥΠΡΙΩΝ. Simulacre de Vénus-
Paphia dans son temple. *Æ.* 9.

Lydie.

837. *Acrasus.* — ΑΥ. Κ. Λ. C. CEOΥΗΡOC. Tête de Septime
Sévère à droite. ℞. ΑΚΡΑCΙΩΤΩΝ. Aesculape debout vêtu du
pallium, la main droite appuyée sur un bâton autour duquel est
un serpent. *Æ.* 4.
838. *Blaundos.* — ΒΛΑΥΝΔΕΩΝ. Tête d'Hercule barbue, à droite.
℞. ΙΤΙΚΑ ΒΑ.... Aigle éployé de face. *Æ.* 4.
839. *Hermocapelia.* — ΙΕΡΑ CΥΝΚΑΗΤΟC. Tête du Sénat à
droite. ℞. ΘΕΑΝ ΡΩΜΗΝ ....ΚΑΠΗΛΙΤ... Tête de femme à
droite ; dans le champ un monogramme. *Æ.* 4.
840. *Magnesia.* — ΜΑΓΝΗCΙΑ. Tête de femme tourrelée à droite.
℞. CΙΠΥΛΟΥ. La Fortune debout avec ses attributs. *Æ.* 4.
841. *Nacrasa.* — ΘΕΟΝ CΥΝΚΑΗΤΟΝ. Le Sénat à droite. ℞.
ΝΑΚΡΑCΕΙΤΩΝ. Tête de femme tourrelée à droite. *Æ.* 3.
842. *Philadelphia.* — Bouclier. ℞. ΦΙΛΑΔΕΛΦΕΩΝ. Foudre et
monogramme dans une couronne de laurier. *Æ.* 3.
843. — ΔΗΜΟC. Tête diadémée du peuple à droite. ℞. ΦΛ.
ΦΙΛΑΔΕΛΦΕΩΝ. Diane chasseresse marchant à droite, à ses
pieds un chien, courant à droite. *Æ.* 6.
844. *Sarde.* — Tête tourrelée et voilée de femme à droite. ℞.
ΣΑΡΔΙΑΝΩΝ. Jupiter-Lydien debout à gauche, tenant dans la
droite un aigle. *Æ.* 5.
845. — Tête laurée et imberbe d'Hercule à droite. ℞. ΣΑΡΔΙΑΝΩΝ.
Apollon nu et debout tenant dans la droite un oiseau ; dans le
champ un monogramme, le tout dans une couronne de laurier.
Æ. 3.
846. — Même tête. ℞. ΣΑΡΔΙΑΝΩΝ. Massue et monogramme dans
une couronne de laurier. *Æ.* 3.
847. *Thyatira.* — Tête de Pallas couverte de l'égide à droite. ℞.
ΘΥΑΤΕΙΡΗΝΩΝ. Pallas debout tenant dans la gauche le bouclier
et la lance. *Æ.* 4.
848. — Tête nue et barbue d'Hercule à droite. ℞. ΘΥΑΤΕΙΡΗΝΩΝ.
Aigle éployé à droite et retourné vers la gauche. *Æ.* 3.

849. Tête d'Auguste à droite. ℞. ΘΥΑΤΕΙΡΗΝΩΝ en deux lignes dans le champ, Bipenne. Æ. 4.
Rare.

850. — .....ΑΝΤΩΝΕΙΝΟC. Tête laurée de Caracalla cuirassé, à droite. ℞. ΘΥΑΤΕΙΡΗΝΩΝ. Pallas assise à gauche tenant d'une main une petite victoire et de l'autre la haste ; sous le siége un bouclier. Æ. 7.

851. *Tralles.* — ΠΟ. ΛΙΚΙΝ. ΓΑΛΛΙΗΝΟC. Κ. Tête laurée de Gallien à droite. ℞. ΤΡΑΛΛΙΑΝΩΝ. La Fortune. Æ. 5.

852. — Tête laurée de Jupiter à droite. ℞. ΤΡΑΛΛΙΑΝΩΝ. Bison à gauche, étoile. Æ. 2.

Phrygie.

853. *Apamea.* — Tête de Pallas à droite, avec l'égide sur sa poitrine. ℞. ΑΠΑΜΕΩΝ. ΚΟΚΟΥ. Aigle éployé, volant à gauche, au dessus d'un Méandre ; de chaque côté les bonnets des Dioscures. Æ. 6.
Belle.

854. — ΒΟΥΛΗ. Tête de femme voilée, à droite. ℞. ΑΠΑΜΕΩΝ. Cinq épis en faisceau. Æ. 4.

855. — Tête de femme tourrelée à droite. ℞. ΑΠΑΜ. Marsyas à droite jouant de la flûte à deux tuyaux. Æ. 4.

856. — Tête laurée de Jupiter à droite. ℞. ΑΠΑΝ. ΑΤΤΑ ΒΙΑΝ. Junon-*Pronuba* debout. Æ. 4.
Belle.

857. *Aezani.* — ΚΑΙCΑΡ ΚΛΑΥΔΙ... Tête laurée de Claude à droite. ℞. ΑΙΖΑΝΙΤΩΝ ΕΗΙ ...ΕΝΟΓΕΝΟΥ... ΟΥ. ΝΑΝΝΑ. Jupiter Aétophore debout. Æ. 4.

858. *Ancyra.* — ΘΕΑ ΡΩΜΗ. Tête de femme surmontée du *Modius*, à droite. ℞. ΑΝΚΥΡΑΝΩΝ. Bacchus debout tenant d'une main le *cantharum* et de l'autre un thyrse. Æ. 4.

859. — Tête d'Hercule à gauche. ℞. ΕΖΕΑΝΙΤΩΝ (*sic*). Mercure debout tenant d'une main une patère et de l'autre un caducée. Æ. 3.
Rare et belle.

860. *Acmonia.* — Tête de Jupiter à droite. ℞. ΑΚΜΟ. ΘΙΜΟΤΕ ΜΗΤΡ.... Aesculape debout avec ses attributs. Æ. 4.

861. *Cibyra.* — M. O. P. ΑΝΤΩΝΙΝΟC. Tête nue de Diaduménien?, à droite. ℞. ΚΙΒΥΡΑΤΩΝ. La Fortune. Æ. 6.
Très rare.

862. *Cotiaeum.* — ΔΗΜΟC ΚΟΤΙΑΕΩΝ. Tête imberbe et diadémée du Peuple à droite. ℞. ΕΠΙ. Π.ΑΙΑ. ΔΗΜΗΤΡΙΑΝΟΥ. ΙΠΠΙΚΟΥ. ΑΡΧ. ΚΟΤΙΑΕΩΝ. Le soleil dans un quadrige, vu de face. Æ. 7 1/2.
Rare.

863. *Epictetus.* — Tête de Pallas à droite. ℞. ΕΠΙΚΤΗΤ. Cheval allant à droite, surmonté d'une palme et d'un bonnet de Dioscure. Monogramme. Æ. 4.

864. *Eucarpia.* — ΕΥΚΑΡΠΕ. Tête nue imberbe, à droite. ℞. ΕΠΙ. Γ. ΚΛ. ΦΛΑΚ. Croissant sur une tête de bœuf et surmonté de deux étoiles. Æ. 3.

865. *Hiérapolis.* — Tête de Sérapis, à droite. ΙΕΡΑΠΟΛΕΙΤΩΝ. Jupiter *Laodicaeus* vêtu de la toge avec un aigle sur la main droite et une haste dans le gauche. Æ. 5.

866. *Laodicea.* — Tête laurée de femme à droite. ℞. ΛΑΟΔΙΚΕΩΝ. Corne d'abondance, étoile et caducée. Æ. 4.

867. — Tête de Bacchus ceinte de lierre; monogramme. ℞. ΛΑΟΔΙΚΕΩΝ. Cyste entre les bonnets des Dioscures. Æ. 3.

868. — ΛΑΟΔΙΚΕΩΝ. Tête du dieu *Lunus* coiffée du bonnet phrygien, à droite. ℞. ΚΡΟΛΙΟΣ.... Aigle éployé regardant à gauche. Æ. 3.

869. — ΝΕΡΩΝ ΚΑΙΣΑΡ. Tête nue de Néron, à droite. ℞. ΓΑΙΟΥ ΠΟΣΤΟΜΟΥ ΛΑΟΔΙΚΕΩΝ. Jupiter *Philaléthés* debout; dans le champ, la lettre B au milieu d'une couronne. Æ. 4.

870. *Métropolis.* — ΙΕΡΑ ΒΟΥΛΗ. Tête voilée à droite. ℞. ΜΗΤΡΟΠΟΛΕΙΤΩΝ ΦΡΥ. Cybèle debout. Æ. 5.
Inédite.

871. *Sala.* — Tête de Pallas avec l'égide, à droite. ℞. ΣΑΛΗΝΩΝ. Vase avec des pavots et des épis. Æ. 3.
Rare.

872. — ΣΑΛΕΙΤΩΝ. Tête imberbe laurée. ℞. ΕΠΙ. ΣΤ. ΚΑΡΙΝΟΥ. Vase avec des épis et deux pavots. Æ. 3.
Rare.

873. *Tiberiopolis.* — ΣΑΒΕΙΝΑ ΣΕΒΑΣΤΗ. Tête de Sabine à droite. ℞. ΤΙΒΕΡΙΟΠΟΛΙΤΩΝ. Diane chasseresse à droite, à ses pieds un chien arrêté. Æ. 4.
Très rare.

Galatie.

874. — ΑΥΤ. ΝΕΡ. ΤΡΑΙΑΝΟΣ. ΚΑΙΣΑΡ. ΣΕ. ΓΕΡΜ. Tête laurée de Trajan, à droite. ℞. ΚΟΙΝΟΝ. ΓΑΛΑΤΙΑΣ. ΕΠΙ. ΠΟΜΠΩΝΙΟΥ. B. Jupiter assis tenant un foudre dans la main droite et la haste dans la gauche. Æ. 9.
Rare.

Cappadoce.

875. — *Caesarea.* — ΑΝΤΩΝΕΙΝΟΣ. ΣΕ..... Tête d'Antonin à droite. ℞. ....ΤΩ. Π. ΑΡΓΑΙΩ. Le mont Argée. Æ. 5.

876. — ΑΥΤΟΚΡ. ΟΥΗΡΟΣ. ΣΕΒΑΣΤΟΣ. Tête de L. Verus à droite. ℞. ΥΠΑΤΟΣ. B. Même type. Æ. 5.

877. — ....PHΛIOC. A. ....Tête de Caracalla à droite. ℞. KAICAP.
.... Au bas ET. Γ. Même type. Æ. 7.

878. — ....CEOYHP. AEΛΞANΔ... Tête d'Alexandre Sévère à
droite. ℞. MHTPO KAICAP. Trois épis liés ensemble dans le
champ, ET ς. Æ. 5.

Rois de Syrie.

879. — *Seleucus I, Nicator.* — Tête diadémée et ailée de Seleucus à droite. ℞. ΒΑΣΙΛΕΟΣ ΣΕΛΕΥΚΟΥ. Bœuf cornupète
à gauche. Æ. 4.
Très belle conservation.

880. — Autre. ℞. Même type à droite. Æ. 4.

881. — Tête de Pallas à droite. ℞. ΒΑΣΙΛΕΟΣ ΣΕΛΕΥΚΟΥ.
Victoire à gauche. Æ. 4. — Même tête. ℞. Victoire tenant une
couronne de la main droite ; au-dessous une ancre renversée.
Æ. 4.
Deux pièces.

882. — *Incertaine.* — Tête laurée d'Apollon à droite. ℞. ΒΑΣΙ-
ΛΕΟΣ ΣΕΛΕΥΚΟΥ. Pallas combattant à droite. Æ. 5.

883. — *Antiochus I, Soter.* — Tête voilée de femme, à droite.
℞. ΒΑΣΙΛΕΟΣ ΑΝΤΙΟΧΟΥ. Tête d'éléphant à gauche ; derrière, un trépied. Æ. 2 1/2.

884. — *Seleucus II, Callinicus.* — Tête diadémée à droite. ℞.
ΒΑΣΙΛΕΟΣ ΣΕΛΕΥΚ... Cheval marchant à gauche ; mono-
gramme. Æ. 3.
Belle.

885. — Tête laurée d'Apollon à droite. ℞. ...ΛΕΟΣ ΣΕΛΕΥΚΟΥ.
Apollon debout, appuyé sur un trépied, et tenant dans la main
droite une flèche ; monogramme. Æ. 6.
Pièce dentelée.

886. — Tête diadémée à droite. ℞. ΒΑΣΙΛΕΟΣ ΣΕΛΕΥΚΟΥ.
Apollon debout, tenant dans la main droite une flèche, et dans la
gauche un arc. Æ. 4.

887. — *Antiochus III, Magnus.* — Tête diadémée à droite. ℞.
ΒΑΣΙΛΕΟΣ ΑΝΤΙΟΧΟΥ. Apollon assis à gauche, tenant une
flèche et un arc. Æ. 3.
Deux pièces.

888. — *Antiochus IV, Deus Epiphanes.* — Tête de femme à
droite. ℞. Semblable au précédent. Æ. 2 1/2.

889. — Tête radiée et diadémée à droite. ℞. ΑΝΤΙΟΧ... ΕΠΙ-
ΦΑΝΟΥ. Aigle éployé à gauche. Æ. 4.

890. Tête d'Isis ornée du *lotus* à droite. ℞. ΒΑΣΙΛΕΩΣ ΑΝΤΙΟ-
ΧΟΥ ΘΕΟΥ ΕΠΙΦΑΝΟΥ. Aigle debout sur un foudre, à
droite. Æ. 6.
Rare.

891. — Tête radiée et diadémée d'Antiochus, à droite. ℞. AN-TIOXOY ΘEOY EHIΦANOY. Jupiter vêtu du *pallium*, tenant dans la main droite un foudre, et dans la gauche la haste. Æ. 4.

892. — Autre. ℞. Même type ; aigle et monogramme dans le champ Æ. 4.

893. — Tête d'Antiochus à droite. ℞. ..... ANTIOXOY. Junon assise à gauche, tenant sur sa main droite une petite Victoire ; au bas un paon. Æ. 4.

894. — *Antiochus V, Eupator.* — Tête diadémée à droite. ℞. .... ANTIOXOY. Apollon assis à gauche, tenant une flèche et un arc. Æ. 2 1/2.

895. — *Démétrius I, Soter.* — Tête diadémée à droite. ℞. BA-ΣIOAEΩΣ ΔHMHTPIOY. L. ΘNP. (an 159.) Trirême; dessous, ΘYPIΩN. Æ. 5.
Belle.

896. — *Alexander I, Bala.* — Tête d'Alexandre Bala, couverte d'une peau de lion à droite. ℞. BAΣIΛEΩΣ AΛEΞANΔPOY. Apollon nu et debout, tenant dans la droite un trait et dans la gauche un arc. Palme et monogramme. Æ. 4.

897. — Autre. ℞. Au lieu de la palme, un foudre. Æ. 4.

898. — Tête casquée d'Alexandre Bala, à droite. ℞. BAΣIΛEΩΣ AΛEΞANΔPOY. Victoire couronnant à gauche. Æ. 4.

899. — *Démétrius II, Nicator.* — Tête laurée d'Apollon à droite. ℞. BAΣIΛEΩΣ ΔHMHTPIOY ΘEOY ΦIΛΛΔEΛΦOY NIKA-TOPOΣ. Trépied. Æ. 4.

900. — *Tryphon.* — Tête diadémée à droite. ℞. BAΣIΛEΩΣ TPYΦΩNOΣ AYTOKPATOPOΣ. Casque à mentonnière surmonté d'une corne. Dans le champ, un monogramme. Æ. 4.
Deux pièces.

901. *Antiochus VI, Epiphanes Dionysius.* — Tête radiée et ceinte de lierre d'Antiochus, à droite. ℞. BAΣIΛEΩΣ ANTIOXOY EΠIΦANOYΣ ΔIONYΣIOY. Eléphant à gauche portant un flambeau sur sa trompe. Dans le champ une palme. Æ. 5.
Pièce dentelée.

902. *Antiochus VII, Evergétes.* — Tête ailée de Cupidon à droite. ℞. BAΣIΛEΩΣ ANTIOXOY EYEPΓETOY. *Lotus* sur un croissant et une étoile, monogramme. Æ.
Trois pièces.

903. *Alexander II, Zebina.* — Tête radiée et diadémée à droite. ℞. BAΣIΛEΩΣ AΛEΞANΔPOY. Double corne d'abondance avec une bandelette. Dans le champ, une massue. Æ. 4 1/2.

904. — Même tête. ℞. BAΣIΛEΩΣ AΛEΞANΔPOY. EΠP. (an 185). Bacchus debout, tenant le *Cantharum* dans la droite et la haste dans la gauche. Dans le champ la lettre Σ. Æ. 4.

905. — Tête de Cupidon à droite. ℞. ΒΑΣΙΛΕΩΣ... Ancre. *Æ*. 3.

906. *Cleopatra et Antiochus VIII.* — Tête radiée et diadémée d'Antiochus VIII à droite. ℞. ΒΑΣΙΛΙΣΣΗΣ ΚΛΕΟΠΑΤΡΑΣ ΚΑΙ ΒΑΣΙΛΕΩΣ ΑΝΤΙΟΧΟΥ. Chouette sur un vase renversé. *Æ*. 4.

  Trois pièces.

907. *Antiochus VIII, Grypus.* — Tête de Diane à droite. ℞. Apollon debout tenant une flèche et un arc. *Æ*. 2.

908. *Antiochus IX, Cyzicenus.* — Tête laurée d'Apollon à droite. ℞. ΒΑΣΙΛΕΩΣ ΑΝΤΙΟΧΟΥ ΦΙΛΟΠΑΤΟΡΟΣ. Diane debout, dans la droite la haste et dans la gauche un arc. *Æ*. 4.

909. — Autre, *Æ*. 3.

910. — Autre. ℞. Même légende, foudre. *Æ*. 4.

911. *Antiochus X, Eusèbes.* — Tête imberbe et diadémée d'Antiochus X à droite. ℞. ΒΑΣΙΛΕΩΣ ΑΝΤΙΟΧΟΥ ΕΥΣΗΒΟΥΣ ΦΙΛΟΠΑΤΟΡΟΣ. Bonnets des Dioscures surmontés chacun d'une étoile. Dans le champ un monogramme. *Æ*. 4.

Commagène.

912. — Capricorne à droite, au dessus une étoile. ℞. Scorpion. *Æ*. 3.

913. *Samosata.* — Lion marchant à droite. ℞. CAMOCΑΤΩ... ΠΟΛ... Femme tourrelée, assise sur un rocher et tenant une palme dans la droite. *Æ*. 5.

914. — ΑΔΡΙΑΝΟϹ ϹΕΒΑϹΤΟϹ. Tête laurée d'Hadrien à droite. ℞. ΦΛΑ. CAMO. MHTPO. KOM. dans une couronne de chêne. *Æ*. 4.

915. — ..... ΤΙ. ΑΙΛ. ΑΝΤΩΝΕΙΝΟϹ. ϹΕΒ. ΕΥϹΕ. Tête laurée d'Antonin à droite. ℞. Φ. CAMOC. IEP. AΓΥ. ΑΥΤΟΝΟ. MHTPOΠO. KOM. Femme tourrelée, assise à gauche sur un rocher. *Æ*. 6.

916. — ΑΥΤΟΚΡ. Μ. ΙΟΥΛ... ΙΠΠΟϹ. ϹΕΒ. Tête laurée de Philippe jeune. ℞. CAMOCΑΤΕΩΝ. Femme tourrelée assise à gauche ; à ses pieds, Pégase courant à gauche. *Æ*. 8.

917. *Zeugma.* — ... ΤΙΤ. ΑΙΛ. ΑΔΡΙΑΝ .... Tête laurée d'Antonin à droite. ℞. Θ. ΖΕΥ.... Temple tétrastyle au sommet d'un mont. *Æ*. 5.

  Deux pièces.

918. — ΑΥΤΟΚ. Κ. Μ. ΙΟΥΑ ΦΙΛΙΠΠΟϹ... Tête laurée de Philippe Ier à droite. R. ΖΕΥΓΜΑΤΕΩΝ. Même type que le précédent, au dessous un capricorne. *Æ*. 8.

  Deux pièces.

Roi de Commagène.

919. *Antiochus IV, Epiphanes.* — ΒΑΣΙ. ΜΕΓ. ΑΝΤΙΟΧΟΣ. ΕΠΙ. Tête diadémée d'Antiochus à droite. ℞. ΚΟΜΜΑΓΗΝΩΝ.

Capricorne dans une couronne de laurier. Dans le champ une ancre et une étoile. Æ. 5 1/2.

Cyrrhestique.

920. — AϒΤΟΚΡΑΤωΡ. ΚΕϹΑΡ. ΤΙΤ. ΑΙΛ.... Tête d'Antonin à droite. ℞. ΔΙΟϹ ΚΑΤΑΙΒΑΤΟϒ ΚϒΡΡ..... Jupiter assis à gauche et appuyé sur la haste, à ses pieds un aigle. Æ. 5 et 6.
Deux pièces variées.

921. — AϒΤΟΚ. Κ. Μ. ΙΟϒΛΙ. ΦΙΛΙΠΠΟϹ. ϹΕΒ. Tête laurée de Philippe père à droite. ℞. ΔΙΟϹ. ΚΑΤΕΒΑΤΟϒ ΚϒΡΡΗϹΤΩΝ. Jupiter assis dans un temple hexastyle, à ses pieds un aigle et au dessus du temple, un bélier courant à droite. Æ. 8.
Belle.

922. — .... ΑϒΡΗΛ .... Tête laurée de Marc-Aurèle à droite. ℞. .... ΡΡΗϹΤΩΝ. Jupiter assis à gauche. Æ. 5.

923. *Beroea.* — .... ΤΡΑΙΑΝΟϹ. ΑΡΙ. ϹΕΒ. ΓΕΡΜ. Tête laurée de Trajan à droite. ℞. ΒΕΡΟΙΑΙωΝ en deux lignes dans une couronne de laurier. Æ. 6.
Deux pièces.

924. *Hieropolis.* — .... ΤΡΑΙΑΝΟϹ .... Tête laurée de Trajan à droite. ℞. ΘΕΑϹ. ϹϒΡΙΑϹ ΙΕΡΟΠΟΛ. Α. Æ. 6.

925. — Autre, avec la tête d'Antonin. Æ. 6.

Chalcidène.

926. — AϒΤ. Κ. ΑΙΛ... ....ΝΟϹ. ΑΔΡΙΑΝΟϹ... Tête laurée d'Hadrien à droite. ℞. ΦΛ. ΧΑΛΚΙΔΕωΝ. Δ. dans une couronne de laurier. Æ. 5.

Séleucide et Piérie.

927. — Tête de Jupiter à droite. ℞. ΑΔΕΛΦΩΝ ΔΗΜΩΝ. Foudre au dessus la date ΕΞΡ (165), au bas un monogramme ; le tout dans une couronne. Æ. 4.

928. *Antiochia.* — Tête laurée de Jupiter, à droite. ℞. ΑΝΤΙΟΧΕΩΝ ΤΗΕ ΜΗΤΡΟΠΟΛΕΟϹ. Jupiter. Nicéphore assis à gauche ; au bas, la date ΓΚΣ (223). Æ. 5.
Belle.

929. — Mêmes types. Æ. 5.
Deux pièces.

930. — Tête laurée de Jupiter à droite. ℞. ΑΝΤΙΟΧΕΩΝ ΤΗΣ ΜΗΤΡΟΠΟΛΕΟΣ ΤΗΣ ΙΕΡΑΣ ΚΑΙ ΑΣϒΛΟϒ ΚΑΙ ΑϒΤΟΝΟΜΟϒ. Jupiter Nicéphore assis à gauche, au bas la date Γ (an III) au milieu d'un foudre. Æ. 7.

931. — Tête tourrelée de femme à droite. ℞. ΑΝΤΙΟΧΕΩΝ... ΜΗΤΡΟΠΟΛΕΟΣ. ΑϒΤΟΝΟΜΟϒ. Trépied. Æ. 4.

932. — Tête laurée de Jupiter à droite. ℞. ΑΝΤΙΟΧΕΩΝ ΕΠΙ ΣΙΛΑΝΟϒ... Bélier courant à droite et retournant la tête vers un astre ; au dessous la date ΔΜ (44). Æ. 4.
Deux pièces.

933. — *Auguste.* IMP. AVGVSTVS. TR. POT. Tête laurée à droite. ℞. Les lettres S. C. au milieu d'une couronne. Æ. 7.
Quatre pièces.

934. — ΚΑΙΣΑΡΙ. ΣΕΒΑΣΤΩ. ΑΡΧΙΕΡΕΙ. Tête laurée d'Auguste à droite. ℞. ΑΡΧΙΕΡΑΤΙΚΟΝ ΑΝΤΙΟΧΕΙΣ. ΖΚ (an 27.) en cinq lignes dans une double couronne. Æ. 5.
Belle.

935. — Autre. Æ. 8.

936. — *Tibère.* TI. CAESAR.... Tête laurée à droite. ℞. S. C. dans une couronne. Æ. 7.

937. — TI. CAESAR. AVG. TR. POT. XXXIII. Tête laurée à droite. ℞. Comme le précédent. Æ. 5.

938. — Tête de femme, à droite. ℞. ΑΝΤΙΟΧΕΩΝ. Lyre formée d'un crâne de bœuf. Æ. 3.

939. — ΑΝΤΙΟΧΕΩΝ. Tête voilée et tourrelée de femme, à droite. ℞. Autel allumé, orné d'une guirlande ; au-dessous les dates. ΖΟΡ, ΔΙΡ, ΕΙΡ et ΣΚΡ. Æ. 3.
Quatre pièces.

940. — ΑΝΤΟΧΕΩΝ ΜΗΤΡΟΠΟΛΕΟΣ. Tête jeune laurée, à droite. ℞. ΕΤΟΥC ΖΟΡ. Lyre avec la forme d'un crâne de bœuf; au-dessus la lettre Α. Æ. 3.

941. — Tête laurée de femme, à droite. ℞. ΑΝΤΙΟΧΕ.... Branche de laurier. Æ. 3. — ΑΝΤΙΟΧ.... ΜΕΤΡΟΠΟΛΕΟΣ. Tête laurée, à gauche. ℞. Branche de laurier. Æ. 3.
Quatre pièces.

942. — *Claude.* IM. TI.... Tête laurée de Claude, à droite. ℞. S. C. dans une couronne. Æ. 5 1/2.

943. — *Néron*, IM. NER. CLAV. CAESAR. Tête laurée de Néron, à droite, devant, le *lituus*. ℞. S. C. dans une couronne de laurier. Æ. 8.
Belle.

944. — Deux autres. Æ. 5 et 7.

945. — *Vespasien....* ΟΚΡ. ΚΑΙΣ. ΟΥΕΣΠ.. Tête laurée de Domitien, à droite. ℞. ΕΤΟΥC. Β. ΙΕΡΟΥ. Aigle éployé, à gauche, devant, une massue. AR. 6.

946. — *Domitien.* IMP. DOMITIA... Tête laurée de Domitien, à gauche. ℞. S. C. dans une couronne de laurier ; au bas, C. Æ. 6. et 4.
Deux pièces.

947. — Trajan. ΑΥΤΟΚΡ. ΚΑΙC.... CEB. ΓΕΡΜ. ΔΑΚ. ΠΑΡΘ. Tête laurée de Trajan, à droite. ℞. ΔΗΜΑ... ΥΠΑΤ.... Aigle éployé sur une massue. AR. 5 1/2.

948. — *Hadrien.* Tête laurée, à droite. ℞. S. C. dans une couronne. Æ. 7.

948 *bis.* — *Marc-Auréle.* Mêmes types. Æ. 6.

949. — *Caracalla.* ΛΥΤ. ΚΑΙ. ΑΝΤΩΝΙΝΟϹ ϹΕΒ. Tête laurée de Caracalla, à droite. ℞. ΔΗΜΑΡΧ. ΕΞΥΠΑΤΟϹ ΤΟ Δ. Aigle éployé, tenant dans son bec une couronne; au-dessous un crâne de bœuf. AR. 6.

950. — *Macrin.* ΑΥΤ. Κ. Μ. ΟΗ. ΜΑΚΡΙΝΟϹ. Tête laurée de Macrin, à droite. ℞. Les lettres S, C, et Δ, E, dans une couronne. Æ. 4.

951. — *Diaduménien.* ΚΑΙ. Μ. Ο. Δ. ΑΝΤΩΝΕΙΝΟϹ. Tête à droite. ℞. S, C, et Δ, E, dans une couronne. Æ. 4.

952. — *Elagabal.* ΑΥΤ. Κ. Μ. ΑΝΤΩΝΕΙΝΟϹ. Tête laurée, à droite. ℞. ΔΗΜΑΡΧ ΕΞ ΥΠΑΤΟϹ... Aigle éployé, dans le champ une étoile, et les lettres Δ, E. Æ. 6.

953. — *Autre.* ℞. ΑΝΤΙΟΧΕΩΝ. Μ. ΚΟΛΩΝΙ. Femme voilée et tourrelée, sur un rocher, tenant des épis dans la droite; bélier. Dans le champ, les lettres S, C, et Δ, E. Æ. 6.

954. — *Même tête.* ℞. S, C, couronne. Æ. 4.
    Quatre pièces.

955. — *Sévère Alexandre.* ΑΥ. Κ. ΜΑ. ϹΕ. ΑΛΕΞΑΝΔΡΟϹ. Tête laurée à droite. ℞. ΑΝΤΙΟΧΕΩΝ ΜΗΤΡΟ. ΚΟ. Femme voilée et tourrelée sur un rocher et tenant des épis dans la main droite; dans le champ. S. C. et Δ. E. Æ. 9.

956. *Philippe père.* — ΑΥΤΟΚ. Κ. Μ. ΙΟΥΛΙ. ΦΙΛΙΠΠΟϹ. ϹΕΒ. Tête laurée à droite. ℞. ΔΗΜΑΡΧ ΕΞΟΥϹΙΑϹ ΥΠΑΤ. Aigle; au bas ΑΝΤΙΟΧΙΑ. S. C. Potin. 6.

957. — ΑΥΤΟΚ. Κ. Μ. ΙΟΥΛΙ. ΦΙΛΙΠΠΟϹ. ϹΕΒ. Tête diadémée de Philippe à droite. ℞. ΑΝΤΙΟΧΕΩΝ ΜΗΤΡΟ ΚΟΛΩ.. Tête voilée et tourrelée; dans le champ, S. C. et Δ. E. Æ. 9.
    Trois pièces.

958. *Philippe jeune.* — ΜΑΡ. ΙΟΥΛΙ. ΦΙΛΙΠΠΟϹ. ΚΕϹΑΡ. Tête nue à droite. ℞. ΔΗΜΑΡΧ ΕΞΟΥϹΙΑϹ. Aigle tenant une couronne dans son bec; au bas, S. C. Potin. 7.

959. *Trajan Dèce.* — ΑΥΤ. Κ. Γ. ΜΕ. ΚΥ. ΤΡΑΙΑΝΟϹ. ΔΕΚΙΟϹ. ϹΕΒ. Tête laurée à droite. ℞. Même type que le précédent. Potin. 7.

960. *Trébonien Galle.* — ΑΥΤΟΚ. Κ. Γ. ΟΥΙΒ. ΤΡΕΒ. ΓΑΛ-ΛΟϹ. ϹΕΒ. Tête laurée à droite. ℞. ΑΝΤΙΟΧΕΩΝ ΜΗΤΡΟ. ΚΟΛΟΝ. Temple tétrastyle dans lequel est une femme tourrelée assise. Δ. E. et S. C. Æ. 8.
    Rare.

961. *Treb. Galle et Volusien.* — Têtes affrontées. ℞. ΑΝΤΙΟΧΕΩΝ ΜΗΤΡΟ..... Temple tétrastyle, au-dessus un bélier courant. Æ. 8.
    Rare.

962. *Volusien.* — ..... ΟΕΝΔ. ΟΥΟΛΟΥϹϹΙΑΝΟϹ. ϹΕΒ. Tête radiée à droite. ℞. Comme la précédente. Æ. 8.
    Rare.

963. *Herennius Etruscus.* — Tête à droite. ℞. ΔHMAPX
EΞOYC... Aigle éployé. S. C. Potin. 6.

964. *Antiochia ad Callirhoen.* — Tête radiée d'Antiochus IV.
Epiphane à droite. ℞. ANTIOXEΩN. TΩN. EΠI. KAΛ-
ΛIPOHI. Jupiter *Aétophore* debout, la main gauche sur la haste ;
dans le champ, un monogramme. Æ. 4.

965. *Apamea.* — Tête de Pallas à droite. ℞. AΠAMEΩN. THΣ.
IEPAΣ. AYTONOMOY. Victoire marchant à gauche ; dans le
champ, ΓΠΣ (an 283). Æ. 5.
   Belle.

966. — Tête diadémée d'Alexandre *Bala*, à droite. ℞. AΠAMEΩN.
Jupiter debout, tenant dans la main droite un casque et dans la
gauche la haste ; une palme en contremarque, et la date ΓΞP
(an 163). Æ. 5.

967. *Emisa.* — Tête laurée d'Antonin à droite. ℞. EMICHNΩN.
Aigle éployé, sur une base arrondie et portant dans son bec
une couronne ; dans le champ, B (an 2). Æ. 5.

968. *Gabala.* — AYT. K. M. AN.... Tête laurée d'Elagabal à
droite. ℞. ΓABA..... La fortune avec ses attributs. Æ. 5.

969. *Laodicea.* — Tête voilée et tourrelée de femme, à droite. ℞.
IOYΛIEΩN. TΩN. KAI. ΛAOΔIKEΩN. La fortune ; au bas MM.
Æ. 6.

970. — Tête laurée d'Antonin à droite, contremarquée d'une petite
tête. ℞. IOΛIEΩN TΩN KAI ΛAOΔIKEΩN. Tête de femme
tourrelée à droite. — Autres types semblables avec la tête d'Antonin à gauche. Æ. 6.
   Deux pièces.

971. — IMP. C. M. AVR. ANTONINVS. Tête laurée d'Elagabal à
droite. ℞. LADICEON. (*sic.*) Tête tourrelée, à droite, dans un
temple distyle ; au bas, Δ. E. Æ. 4.

972. — IMP. C. M. AVR. ANTONINVS. Même tête. ℞.
....TROPOLEOC. Diane chasseresse allant à droite. Dans le champ
Δ. E. Æ. 5.

973. — .... ANTON... Même tête. ℞. LADICEON. (*sic.*) Deux
lutteurs. Æ. 4.

974. — IMP. C. M. OP. SEVE. MACR.... Tête laurée de Macrin
à droite. ℞. ROMAE. FEL. Louve allaitant Romulus et Rémus.
Æ. 8.
   Rare.

975. *Seleucia.* — Tête voilée et tourrelée de femme à droite. ℞.
ΣEΛEYKEΩN. THΣ. IEPAΣ. KAI. AYTONOMOY. Foudre sur
une table. Æ. 5.
   Rare.

976. — AYT.... CEB. ΓEPM. ΔAK. Tête laurée de Trajan à droite.
℞. CEΛEYKEωN ΠEIEPIAC ZEYC. KACIOC. Simulacre de

Jupiter *Casius* dans un temple tétrastyle au dessus duquel est un aigle éployé. Dans le champ, B (an 2). Æ. 6.
Belle.

Cœlesyrie.

977. *Damascus.* — Tête laurée de Septime-Sévère à droite. ℞. ... MHTPOⅡ.... Tête tourrelée dans un temple tétrastyle. Æ. 5.

978. — ⅠOYAIA. AYⲄOYCTA. Tête de Julia Domna à droite. ℞. ΔAMACKOY. MHTPOⅡOΛEΩC. Même type que le précédent. Æ. 6.
Belle.

979. — AYT. KAI... ANTΩNEINOC. Tête radiée de Caracalla à droite. ℞. Comme les précédents. Æ. 6.
Belle conservation.

980. — *Heliopolis.* — Tête laurée de Géta? à droite. ℞. COL. HEL. Deux aigles légionnaires dans une couronne. Æ. 5.

981. — DIVO. SEVERO. Tête laurée de Septime-Sévère, à droite. ℞. COL. HEL. Temple de Jupiter, orné d'un grand nombre de colonnes, vu de côté. Æ. 7.

Trachonitide, Iturée.

982. — *Caesarea Panias.* — AVGVSTVS. Tête nue d'Auguste à droite. ℞. CA dans une couronne de laurier. Æ. 9 1/2.
Très rare et belle.

Phoenicie.

983. *Berytus.* — Tête tourrelée de femme, à droite. ℞. BH. Neptune debout dans un quadrige, à gauche, armé du trident, et élevant le bras droit au-dessus d'une petite figure montée sur l'un des chevaux. Dans le champ l'*acrostolium* et le monogramme. PΦ. Æ. 4.

984. — Tête laurée d'Hadrien, à droite. ℞. COL. IVL.... Neptune le pied gauche sur une proue de vaisseau, et tenant un trident dans la main droite, est couronné par une victoire placée sur une colonne, au milieu d'un temple tétrastyle. Æ. 6 1/2.

985. — IMP. CAES. TRAI. HADRIANUS. Même tête. ℞. COL. BER. en deux lignes, entre deux enseignes légionnaires; le tout au milieu d'une couronne de laurier. Æ. 4.

986. — Tête laurée de Commode, à droite. ℞. COL. BER. — Neptune debout, le pied sur un rocher, tenant dans la droite un dauphin, et dans la gauche un trident. Æ. 6.

987. — Même tête. ℞. SEC. Astarté, dans un temple tétrastyle, couronnée par une victoire. Æ. 6 1/2.
Deux pièces.

988. — IMP...... PP. COS. II. Tête laurée de Septime Sévère.

à droite ; dans le champ, COL. BER. ℞. M. AVR. ANT. CAES.
IMP. DES. Tête laurée de Caracalla , à droite. Æ. 7.
Rare.

989. — IMPP. CAESS. Têtes laurées et affrontées de Septime
Sévère et de Caracalla. ℞. COL. BER... Neptune debout, dans
un temple tétrastyle, et couronné par la Victoire. Æ. 5.
Rare.

990. — ..... ANTONINUS. AVG. Tête laurée de Caracalla , à
droite. ℞. ...IVL. AVG. FEL. BER. Artasté debout, dans un
temple tétrastyle. Æ. 6.

991. *Byblus.* — .... M. ANTΩNIN. Tête laurée de Caracalla ,
à droite. ℞. IEPAC. BYBΛOY. Astarté debout, couronnée par
une petite Victoire placée sur une colonne, au milieu d'un temple tétrastyle. Æ. 6.
Rare.

992. *Marathus.* — Tête tourrelée de femme , à droite. ℞. Légende phénicienne. *Acrostolium.* Æ. 2.
Belle.

993. *Sidon.* — Tête voilée et tourrelée , à droite : devant,
étoile et *acrostolium.* ℞. ΣΙΔΩΝΟΣ. ΘΕΑΣ. Galère ; au-dessus
HΠP. (an 188). Æ. 3.

994. — Tête de Bacchus, ceinte de lierre, à droite. ℞. ΣΙΔΟΝΟΣ.
ΘΕΑΣ. Ciste mystique. Dans le champ, ΖΚΣ. (an 227) ; le
tout dans une couronne de pampres. Æ. 4.

995 — Tête voilée et tourrelée de femme, à droite. ℞. ΣΙΔΩΝΟΣ.
ΘΕΑΣ. Char d'Astarté, avec la date. ΠΚΣ. (an 228). Æ. 6.

996. — .... M. ANT. Tête laurée d'Elagabal, à droite. ℞. ... SID.
COL. METR.... Europe enlevée par un taureau. Æ. 6.

997. — Tête laurée de Claude à gauche. ℞. ΣΙΔΩΝΟΣ. Même
type. Æ. 6.

998. *Tripolis.* — Tête voilée et tourrelée de femme, à droite. ℞.
ΤΡΙΠΟΛΙΤΩΝ. Victoire debout sur une proue de vaisseau tournée vers la droite. Dans le champ, une date. Æ. 5.

999. — .... AY. ANTωN ... Tête laurée de Caracalla, à droite. ℞.
ΤΡΙΠΟΛ. Les Dioscures, debout, armés de la haste et tenant
chacun un cheval ; au dessus, le buste d'Astarté dans un petit
temple distyle. Dans le champ ΒΚΦ (an 522). Æ. 6.
Rare.

1000. — AY. K. M. AY. ANTωNIN... Tête laurée de Caracalla, à
droite. ℞. Astarté entre les Dioscures, tenant chacun une haste
et une grappe de raisin; dans le champ, une petite Victoire
placée sur une colonne et la date ΓΚΦ (an 523). Æ. 6.
Rare.

1001. — MAP. AYP. ANTONINOC. CEB. Tête radiée de Caracalla à droite. ℞. ΤΡΙΠΟΛΙΤΩΝ. Temple tétrastyle au milieu.

duquel est un autel allumé; dans les deux parties latérales, deux figures debout; à l'exergue, la date ZKΦ (an 527). Æ. 7.

1002. *Tyrus.* — Tête laurée et imberbe d'Hercule à droite. ℞. TYPOY. IEPAC. KAI. AΣYAOY. Aigle debout tourné vers la gauche; dans le champ, une massue, la date MA, derrière KP; entre les pattes de l'aigle, une lettre phénicienne. AR. 6.
Rare.

1003. — Autre, variété de date. AR. 6.

1004. — Tête de femme tourrelée, à droite. ℞. ΘEAΣ. MHTPOII ... TYPOY... Galerie à gauche. Æ. 5.

1005. — Tête imberbe et laurée d'Hercule. ℞. MHTPOΠOAEωΣ. AΠΣ (an 281) et trois caractères phéniciens. Massue surmontée du monogramme de Tyr dans une couronne. Æ. 6.

1006. — Tête de femme tourrelée, à droite. ℞. MHTPOΠOAEωΣ. IEPAC. Palmier; dans le champ, les lettres numérales ΘOC (an 279). Palmier. Æ. 3.

1007. — SEP... ETA CAESAR ..... Tête nue et imberbe de Géta à droite. ℞. ... Astarté debout, la main droite sur un trophée et couronnée par une victoire placée sur un cippe. Æ. 6.
Rare.

1008. — CAES. M. AV. ANTONINVS. Tête laurée de Caracalla à droite. ℞. SEPTIM. TVPO. Deux bœufs marchant à droite, au fond un *vexillum* sur lequel on lit LEG. III. GAL; dans le champ un *murex*. Æ. 6.
Rare.

1008 *bis.* — Même tête. ℞. Victoire, etc. Æ. 8.

1009. — IMP. M. AVR. ANTONINVS. Tête laurée de Caracalla à droite. ℞. SEPT. TYRVS. MET. COLONI. Astarté debout, la droite sur un trophée et couronnée par une petite victoire placée sur un cippe; dans le champ le *Murex* et Silène portant une outre. Æ. 7.
Belle.

1010. — ANTONINVS. Tête laurée d'Elagabal à droite. ℞. Type semblable, au lieu de Silène un palmier. Æ. 8.

1011. *Aradus.* — Tête tourrelée à droite. ℞. Proue de navire à gauche, monogramme d'Aradus et inscription phénicienne. Æ. 2 1/2.

Galilée.

1012. *Sepphoris.* — ... AYTOKPATOR EΔOKEN. Tête laurée de Trajan à droite. ℞. ΣEΠΦΩPHNΩN en deux lignes dans le champ. Palmier. Æ. 6.

1013. *Tiberias.* — AY. TR. AΔPIANωC KAIC. CEB. Tête laurée

d'Hadrien à droite. ℞. TIBEP. KAAΥΔ... Victoire à droite.
Æ. 4.

Samarie.

1014. *Caesarea.* — IMP. C. SEVER. ALEXAND. Tête laurée à
droite. ℞. C. I. F. AVG. ...ETROPOL. Aigle éployé supportant
une couronne dans laquelle on lit : S. P. Q. R. Æ. 7.
1015. — Autre avec la tête d'Elagabal à droite. Æ. 4.
1016. *Neapolis.* — IMP. M. IVL. PHILIPPVS. AVG. Tête radiée
de Philippe jeune à droite. ℞. COL. CER... NEAPOL... Aigle
éployé de face, au dessus le mont *Garizim* surmonté d'un temple ;
dans le champ, Silène portant une outre. Æ. 7.
  Rare.

JUDÉE.

1017. *Ascalon.* — Tête de Tibère laurée à droite. ℞. ACKAΛ...
Astarté debout ; dans le champ IC. Æ. 6.
1018. — Tête de femme tourrelée à droite. ℞. AΣ. MP. Figure
debout dans une galère. Æ. 2.
1019. *Gaza.* — Tête d'Hadrien à droite. ℞. ΓAZA... Hercule debout. Æ. 4.
1020. — L. E. KAICAPOC. Epi ou palme. ℞. NEPΩNOC en trois
lignes dans une couronne. Æ. 3.

Princes et Rois de Judée.

1021. *Simeon.* — Grappe de raisin. ℞. Vase à deux anses.
Æ. 3.
1022. *Alexander.* — BAΣIΛEΩΣ AΛEΞNΔPOY. Ancre. ℞.
Etoile. Æ. 3.
1023. *Herodes, Magnus.* — HPΩΔHΣ. Grappe de raisin. ℞. Casque
à double aigrette. Æ. 3.
  Rare.
1024. *Agrippa II.* — Trois épis liés en faisceau. ℞. BACIΛEωC
AΓPIΠA. *Tabernaculum.* Æ. 3.
  Deux pièces.

ARABIE.

1025. *Bostra.* — .....ABOCTPA. Tête d'Ammon surmontée d'un
globe. ℞. Tête laurée d'Alexandre Sévère à droite. Æ. 3 1/2.

Mésopotamie.

1026. *Carrhae.* — Tête de Caracalla à droite. ℞. KAP... Etoile
dans un croissant. Æ. 3 et 4.
  Deux pièces.

1027. — Même tête. ℞. COL. MEΓ. ANTONIANA. AVR... Tête de femme tourrelée à droite. Æ. 4.

Deux pièces.

1028. — Têtes affrontées de Caracalla et de Géta. ℞. Étoile dans un croissant. Æ. 4.

1029. — ΓΟΡΔΙΑΝΟС. СΕ. Tête laurée de Gordien III, à droite. ℞. МΗΤΡ. ΚΟΛ. ΚΑΡΡΗΝΩΝ. Tête voilée et tourrelée de femme tournée vers la gauche; au dessus un croissant; devant un petit autel; plus loin un cabire sur une colonne. Æ. 7.

Rare.

1030. *Edessa.* — .... ΑΝΤΩΝΕΙΝΟС... Tête laurée de Caracalla, à droite. ℞. .. ΑΝΤω. ΕΔΕССΑ. Femme voilée et tourrelée, assise à gauche. Æ. 6.

1031. — Tête radiée d'Elagabal, à gauche. ℞. Même type. Æ. 7.

1032. — ....ΑΛΕΞΑΝΔΡΟС. Tête laurée d'Alexandre Sévère, à droite. ℞. Même type. Æ. 6.

1033. — Buste lauré de Sévère Alexandre. ℞. МΗΤ. ΚΟΛ. ΕΔΕССΗΝΩΝ. Femme tourrelée assise, à gauche, devant un autel; à ses pieds un fleuve, et dans le champ, une étoile. Æ. 6.

— Autre. Æ. 9.

Trois pièces.

1034. — ΑΥ. Γ. ΔΕΚΙС. (*sic*) СΕΒ. Tête laurée de Trajan Dèce, à droite. ℞. ΚΟΛ. ΕΔΕССΑ. Tête voilée et tourrelée de femme, à gauche. Æ. 4.

Rois d'Edesse.

1035. — ΑΥΤΟΚ. М. ΑΝΤ. ΓΟΡΔ.... Tête laurée de Gordien III, à droite. ℞. ...ΑΒΓΑΡΟС. Tête d'Abgare coiffée d'une tiare, à droite. Æ. 4 et 6.

Deux pièces.

1036. — ... ΓΟΡΔΙΑΝΟС. СΕΒ. Même tête. ℞. .... ΡΟС. ΒΑСΙΛΕΥС. Abgare, coiffé d'une tiare et tenant un sceptre dans la gauche, offre à l'empereur une petite victoire. Æ. 9.

Rare.

1037. *Nisibi.* — ΑΥΤΟΚ. Κ. М. ΙΟΥΛΙ. ΦΙΛΙΠΠΟС. Tête radiée de Philippe à gauche. ℞. ΙΟΥ. СΕΠ. ΚΟΛΩ. ΝΕСΙΒΙ. МΗΤ. Femme voilée, de face, assise dans un temple tétrastyle; au-dessus de sa tête un bélier courant. Æ. 6.

1038. *Rhesaena.* — ΑΥΤ. ΚΑΙ. ΓΑΙ. МΕС. ΚΥ. ΤΡΔ. Δ..... Tête radiée de Trajan Dèce à droite. ℞. СΕΠ. ΡΗСΑΙΝΗСΙωΝ. L. III. Ρ. Temple distyle vu de côté; sous le portique une chouette, au bas un fleuve. Æ. 6.

1038 *bis.* — Autre. ℞. Femme vêtue de la *Stola*, le *Modius* sur la tête, sacrifiant devant un autel; dans le champ, un aigle éployé. Æ. 7.

1039. — Tête d'Herennia Etruscilla, à droite. ℞. .... PHCAINH-
CIωN .... Colon conduisant deux bœufs, à droite, au dessus un
aigle éployé. Æ. 6.
1040. *Singara.* — ΑΥΤΟΚ. Κ. Μ. ΑΝΓ. ΓΟΡΔΙΑΝΟC. CEB.
Tête laurée de Gordien III, à droite. ℞. ΑΥΡ. CEΠ. ΚΟΛ.
CΙΝΓΑΡΑ. Tête de femme voilée et tourrelée, à droite ; au des-
sus, un Sagittaire allant à droite. Æ. 6.
1041. — ΑΥΤΘΚ.ΚΑΙC. ΓΟΡΔΙΑΝΟΝ (*sic.*) CAB. ΤΡΑΝΚΥΛΛΙ-
ΝΑ. CEB. Têtes affrontées de Gordien III et de Tranquilline. ℞.
.... CΙΝΓΑΡΆ. Semblable à la précédente. Æ. 8 1/2.
   Rare.

Rois Parthes.

1042. *Arsaces XXI, Gotarzés.* — Tête barbue et diadémée de
Gotarzès à gauche. ℞. ΒΑCΙΛΕΩC. ΒΑCΙΑΕΩΝ ΑΡΙΑΝΟ.
ΕΥΕΡΓΕΤΟ. ΔΙΧΑΙΟΥ. ΕΠΙΦΑΝΟΥC. ΙΑΙΑΛΗΧΟΙ. Le roi
assis à droite, tenant un arc ; monogramme. AR. 4.
1043. *Arsaces XXIII, Vologeses I.* — Tête diadémée et barbue
de Vologeses I. ℞. ... ΒΑΣΙΛΕΩΣ ΕΥΕΡΓΕΤΟΥ ΔΙΧΑΙΟΥ.
ΕΠΙΦΑΝ ...ΕΛΛΗΝ... Le roi assis sur un siége et tourné à
gauche ; devant lui une femme, debout, vêtue de la *stola*, lui pré-
sente de la main droite une couronne ; dans le champ la date ΘΞΓ
(an 369 de l'ère des Séleucides). AR. 8.
   Très rare.

AFRIQUE.

Rois d'Egypte.

1044. *Ptolemée I, Soter.* — Tête diadémée de Ptolémée à droite.
℞. ΠΤΟΛΕΜΑΙΟΥ ΒΑΣΙΛΕΩΣ. Aigle debout sur un foudre, à
gauche ; dans le champ, P. et monogramme. AR. 7.
   Rare.
1045. — Autre. ℞. Même type ; dans le champ EY et un monogramme. AR. 7.
1046. *Ptolemée, Soter et Bérénice.* — Tête diadémée de Ptolemée,
à droite. ℞. ΒΑΣΙΛΕΩΣ ... ΑΙΟΥ. Tête de Bérénice, à droite,
avec la coiffure d'Isis ; derrière, une corne d'abondance. Æ. 6.
1047. — Mêmes types. Corne d'abondance placée au devant de la
tête de Bérénice. Æ. 5.
   Deux pièces.
1048. — *Ptolemée III, Evergetes.* — Tête jeune, à droite, les cheveux longs et flottants par derrière. ℞. ΠΤΟΛΕΜΑΙΟΥ. Aigle sur
un foudre ; dans le champ, une massue. Æ. 2 1/2.

1049. *Ptolemée VII, Physcon.* — Tête diadémée de Jupiter Ammon, à droite. ℞. ΒΑΣΙΛΕΩΣ ΠΤΟΛΕΛΕΜΑΙΟΥ ΕΥΕΡ-ΓΕΤΟΥ. Aigle éployé à droite; dans le champ, Φ. *Æ.* 13.

1050. — Autre, sans la lettre Φ. *Æ.* 9.

1051. — Même tête. ℞. Aigle à gauche; dans le champ ΘΕ. *Æ.* 5 et 4.

Deux pièces.

1052. *Cléopâtre.* — ΒΑΣΙΛΙΣΙΣΣΗΣ ΚΛΕΟΠΑΤΡΑΣ. Tête de Cléopâtre coiffée d'une peau d'éléphant, à droite. ℞. ΒΑΣΙ-ΛΕΩΣ ΠΤΟΛΕΜΑΙΟΥ. Deux aigles sur un foudre, corne d'abondance. *Æ.* 8.

Rare.

1053. — Même tête. ℞. ΠΤΟΛΕΜΑΙΟΥ... Aigle sur un foudre. *Æ.* 6 2/1.

1054. *Ptolemée VIII et Ptolemée IX.* — Tête de Jupiter Ammon, à droite. ℞. ΒΑΣΙΛΕΩΣ ΠΤΟΛΕΜΑΙΟΥ. Deux aigles sur un foudre; corne d'abondance. *Æ.* 8.

Deux pièces.

1055. — Autre. *Æ.* 4.

1056. *Ptolemée IX, Alexandre.* — Tête couverte d'une peau de lion et diadémée. ℞. Aigle sur un foudre, à gauche *Æ.* 5.

1057. *Ptolemée XII.* — Tête laurée à droite. ℞. Aigle sur un foudre. *Æ.* 4 1/2.

1058. *Cléopâtre.* — Tête de Cléopâtre à droite. ℞. ΒΑΣΙΛΙΣΣΗΣ ΚΛΕΟΠΑΤΡΑΣ. Aigle sur un foudre, à gauche. Corne d'abondance et monogramme. *Æ.* 5.

Rare.

1059. *Cléopâtre et Marc-Antoine.* — ϹΕΒΑϹΤΟΥ... Tête de Cléopâtre à droite. ℞. Tête de Marc-Antoine. *Æ.* 6.

Rare.

Alexandrie.

1060. *Auguste.* — Tête laurée, à droite. ℞. ΣΕΒΑΣΤΟΣ. Six épis liés. — Autre, même légende, épis et caducée. *Æ.* 7. — Tête d'Apollon, à droite. ℞. Épis et pavots. L. Δ. (an 4). *Æ.* 3. — ΣΕΒΑϹΤΟΣ. Galère. ℞. ΚΑΙϹΑΡ., dans une couronne. *Æ.* 3.

Quatre pièces.

1061. *Auguste et Tibère.* — ΤΙΒΕΡΙΟΣ ΚΑΙΣΑΡ ΣΕΒΑΣΤΟΣ. L. ΙΘ. (an 19). ℞. ΣΕΒΑΣΤΟΣ. Tête radiée d'Auguste. *Potin.* 6.

1062. *Livie.* — Tête de Livie. ℞. L. ΜΑ. (an 41). dans une couronne. *Æ.* 6.

1063. *Tibère.* — Tête nue de Tibère, à droite. ℞. ΤΙΒΕΡΙΟΥ. Hippopotame. *Æ.* 4.

1064. *Claude.* — Tête laurée, à droite. ℞. ΑΥΤΟΚΡΑ. Main droite tenant deux épis et trois pavots. Æ. 4. — ... CEBAC. ΓΕΡΜ. Tête de Claude, à droite ; Étoile. ℞. ΑΥΤΟΚΡΑ. L. Γ. (an 3). Hippopotame à droite. Æ. 6.

1065. *Claude et Messaline.* — ... ΚΛΑΥΔ. ΚΑΙΣ. ΣΕΒΑ. ΓΕΡΜΑΝΙ. ΑΥΤΟΚΡ. Tête laurée de Claude, à droite ; dans le champ, LΓ. (an 3). ℞. ΜΕΣΣΑΛΙΝΑ. ΚΑΙΣ. ΣΕΒΑΣ. Messaline debout, vêtue de la *stola* et voilée, supportant de la main droite deux petites figures, et tenant des épis dans la gauche appuyée sur une colonne. *Potin.* 6.
Rare.

1066. *Néron.* — ΝΕΡΩΝ. ΚΛΑ. ΚΑΙΥ. ΣΕΒΑ. ΓΕΡΑ. ΑΥΤΟ. Tête laurée, à droite. ℞. ΝΕΟ. ΑΓΑΘ. ΑΔΙΜ. L. Ε. (an 5). Serpent mitré dressé sur les replis de sa queue, au milieu d'épis et de pavots. *Potin.* 6.

1067. — Même tête. ℞. ΑΥΤΟΚΡ. Tête de Sérapis, à droite ; L. Ι. (an 10). *Potin.* 6.

1068. — Même tête. ℞. ΔΗΜΗΤΕΡ. Cérès debout ; dans le champ, L. Ε. (an 5). *Potin* 6.

1069. — Autre. ℞. ΖΕΥΣ ΝΕΜΕΙΟΣ. Tête laurée de Jupiter, à droite ; étoile. *Potin.* 6.

1070. — Autre. ℞. ΑΥΤΟΚΡΑ. L. ΙΒ. Génie d'Alexandrie. *Potin.* 6.

1071. — Autre. ℞. ΠΟΣΕΙΔΩΝ ΙΣΘΜΙΟΣ. Neptune diadèmé, à droite ; un trident sur l'épaule. *Potin.* 6.

1072. — Autre. ℞. Galère. *Potin.* 6. — Autre. ℞. ... ΑΡΓΕΙ. Tête diadèmée et voilée de femme. *Potin.* 6.
Deux pièces rares.

1073. — Autre. ℞. ΑΥΤΟΚΡΑ. L. ΙΑ. Aigle debout, à gauche. *Potin.* 6.
Deux pièces.

1074. — Autre. ℞. ΑΚΤΙΟC. Tête d'Apollon ; Étoile. *Potin.* 6.

1075. *Néron et Auguste.* — Même tête. ℞. ΘΕΟΣ ΣΕΒΑΣΤΟΣ. Tête radiée d'Auguste, à droite. *Potin.* 6.
Rare.

1076. *Néron et Poppée.* — Même tête. ℞. ΠΟΠΠΑΙΑ. ΣΕΒΑΣΤΗ. Tête de Poppée à droite. Dans le champ. L. ΙΑ (an 11). *Potin.* 6.
Rare.

1077. *Néron et Tibère.* — Même tête. ℞. ΤΙΒΕΡΙΟΣ ΚΑΙΣΑΡ. Tête de Tibère à droite. *Potin.* 6.

1078. *Galba.* — ΛΟΥΚ. ΛΙΒ. ΣΟΥΛΗ. ΓΑΛΒΑ. ΚΑΙΣ. ΣΕΒ. ΑΥ. Tête laurée de Galba à droite. ℞. ΕΛΕΥΘΕΡΙΑ. La liberté tenant une palme et appuyée sur une colombe. *Potin.* 6.
Rare.

1079. *Vespasien.* — Tête laurée à droite. ℞. Sérapis. — Autre, buste lauré à droite. Æ. 6.

Quatre pièces.

1080. — Même tête. ℞. Génie d'Alexandrie debout tenant la haste. *Potin.* 6.

1081. *Titus.* — ℞. ΕΤΟΥΣ ΔΕΥΤΕΡΟΥ. Tête d'Isis. Æ. 5. — Même tête; dans le champ. LB. ℞. ΕΙΡΗΝΗ. La Paix. *Potin.* 6.

1082. *Domitien.* — Tête laurée de Domitien, à droite. ℞. Aigle. — Autre. Isis. Æ. 6.

Deux pièces.

1083. *Trajan.* — Tête de Trajan. ℞. Le Nil sur un hippopotame. Æ. 9. — Autre, Sphinx. Æ. 9.

Deux pièces.

1084. *Hadrien.* — Tête laurée à droite. ℞. Le génie de la ville et l'empereur. *Potin.* 6.

1085. — Trois autres pièces variées. *Potin.* 6.

1086. — Autre. ℞. LEN. Δ. ΕΚΑΤΟΥ. Aigle debout à droite. *Potin.* 6.

1087. — Quatre pièces variées. Æ. 6. — Deux autres. Æ. 4.

Six pièces.

1088. — Neuf pièces. Æ. 9.

1089. *Antonin.* — Sept pièces variées. Æ. 9. — Une autre. Æ. 4.

Huit pièces.

1090. — Tête d'Antonin. ℞. La Fortune. — Autre. ℞. Canope à tête d'Isis. — Autre. ℞. Victoire. *Potin.* 6.

Trois pièces.

1091. *Faustine.* — Tête de Faustine à droite ℞. Aigle. Æ. 9.

1092. *Marc-Aurèle.* — Trois pièces. Æ. 6.

1093. *Verus.* — Tête laurée à droite. ℞. Victoire. *Potin.* 6.

1094. *Commode.* — Trois pièces variées. Æ. 6.

1095. *Philippe.* — Cinq pièces. Æ. 5.

1096. *Gallien.* — Huit pièces. Æ. 5.

1097. *Valérien.* — Trois pièces. Æ. 5.

1098. *Salonine.* — Deux pièces. Æ. 5.

1199. *Claude-Gothique.* — Neuf pièces. Æ. 4.

1100. *Aurélien.* — Cinq pièces. Æ. 4.

1101. *Sévérina.* — Deux pièces. Æ. 4.

1102. *Vaballath.* — Une pièce. Æ. 4.

1103. *Tacite.* — Trois pièces. Æ. 4.

1104. *Probus.* — Neuf pièces. Æ. 4.

1105. *Carus.* — Une pièce. Æ. 4.

1106. *Numérien.* — Une pièce. Æ. 4.

1107. *Carin.* — Deux pièces. Æ. 4.

1108. *Dioclétien.* — Quinze pièces. Æ. 4.
1109. *Maximien.* — Quinze pièces. Æ. 4.

Nomes d'Egypte.

1110. *Arsinoites.* — ΑΥΤ. ΚΑΙ. ΤΡΑΙ. ΑΔΡΙΑ. CEB. Tête laurée
d'Hadrien à droite. ℞. APCI. L. IA (an 11). Tête voilée d'Isis à
droite. Æ. 4.
   Rare.
1111. *Prosopites.* — ΑΥΤ. ΚΑΙ. ΤΡΑΙ. ΑΔΡΙΑ. CEB. Même
tête. ℞. ΠΡΟϹω L. IΔ. Même type. Æ. 4.
   Rare.

Cyrénaïque.

1112. — Tête d'Ammon à droite. ℞. ΚΟΙΝΟΝ. Sylphium.
Æ. 5.
1113. *Cyréne.* — Tête jeune cornue à droite. ℞. ΚΥΡΑ. Sylphium; dans le champ, trépied et monogramme. Æ. 5.
   Belle.
1114. — Même tête. ΚΥ. Palmier; dans le champ. A. Δ. Æ. 3.
1115. — Autre. ℞. ΚΥΡΑ. Palmier; Sylphium et monogramme.
Æ. 3.
1116. — Tête laurée d'Apollon à droite. ΚΥΡΑ. Lyre. Æ. 3.
1117. *Magas.* — Tête diadémée de Ptolémée II à droite. ℞. ΠΤΟ-
ΛΕΜΑΙΟΥ ΒΑΣΙΛΕΩΣ. Foudre ailé; dans le champ, monogramme composé des lettres ΜΑΓ. Æ. 5.

Syrtique.

1118. *Leptis magna.* — COL. VIC. IVL. LEP. Tête jeune casquée à droite. ℞. P. SALPA. M. FVLVI. PR. IIVIR. Bœuf cornupète à droite. Æ.

Zeugitane.

1119. — Tête de Cérès couronnée d'épis à gauche. ℞. Trois épis
sur une même tige; au-dessus, un globule dans un croissant
renversé, et dans le champ deux caractères phéniciens. Æ.
6 1/2.
1120. — Autre, variété dans la légende. Æ. 6 1/2.
1121. — Même tête. ℞. Cheval devant un palmier à droite; caractères phéniciens sous le cheval. Æ. 9.
1122. — Même tête très ornée. ℞. Cheval devant un palmier.
Æ. 8. — Autre, mêmes types; devant le cheval, trois globules.
Æ. 3.
   Deux pièces.
1123. — Même tête. ℞. Cheval debout à droite, au-dessus un

disque entre deux serpents mitrés. Devant le cheval un caractère
phénicien. Æ. 7. — Autre. Æ. 5.
   Deux pièces.
1124. — Même tête. ℞. Cheval debout à droite et retournant la
tête à gauche. Æ. 4 et 5.
   Deux pièces.
1125. — Même tête. ℞. Tête de cheval, à droite, caractère phénicien. Æ. 5 et 7. — Autre mêmes types; devant la tête du cheval, un palmier. Æ. 4. — Autre, palmier. ℞. Buste de cheval, à
droite. Æ. 4.
   Quatre pièces.
1126. *Carthago.* — KAPTHAGO. Figure militaire, debout, tenant
la haste dans la main gauche. ℞. XIII. Tête de cheval, à gauche.
Æ. 6.

Mauritanie.

1127. *Cæsarea.* — TI. CAESAR. AVGVSTVS. Tête de Tibère, à
gauche. ℞. Inscription phénicienne. Tête laurée d'Apollon, à
droite; devant, une lyre; le tout dans une couronne d'olivier.
Æ. 7.
   Rare et belle.
1128. — Variété de la précédente. Æ. 7.

Rois de Numidie et de Mauritanie.

1129. *Juba I.* — REX. IVBA. Tête diadèmée de Juba, à droite,
avec la chevelure bouclée, vêtu de la chlamyde, et portant un
sceptre sur l'épaule. ℞. Inscription numidique. Temple octostyle.
AR. 4.
1130. — Autre. Æ. 4.
1131. — *Juba II.* — Tête barbue de face. ℞. Etoile entre une
grappe de raisin et un épi. Æ. 4 1/2.
1132. — IVBA. REX. IVBAE. F. II. V. Q. Lotus. ℞. CN. ATE....
PONT II. V. Q. Instruments pontificaux. Æ. 4.
1133. *Juba II et Cléopâtre.* — Tête diademée de Juba II, une
massue sur l'épaule. ℞. BACIΛICCA KΛEOΠATPA. *Lotus* surmonté d'un croissant. Æ.
   Très rare.
1134. *Ptolemée.* — PTOLEMAEVS. Tête laurée de Ptolemée,
à droite. ℞. R. A. X. V. IIII. Chaise curule, sceptre et couronne. AR. 3.
   Très rare.
1135. — AVGVSTVS. DIVI. Γ. Tête nue d'Auguste, à droite. ℞.
REX PTOL dans un bandeau royal, entouré de la légende : C.
LAETILIVS. APALVS. II. Y. Q. Æ. 5.
   Rare.

Médaillon d'argent frappé en Asie.

1136. — IMP. CAESAR. DIVI. F. COS. VI. LIBERTATIS. PR.
VINDEX. Tête d'Auguste. ℞. Femme debout, portant un caducée. Ciste surmontée d'un serpent; dans le champ, PAX ; le
tout dans une couronne de laurier. AR. 7.
Rare.

SUPPLÉMENT.

ESPAGNE.

1137. *Brecara.* — Tête imberbe à droite ; derrière, un globule.
℞. Cavalier à droite, la lance en arrêt. AR. 4 (de Saulcy, lé-
gende 45.).
Deux pièces très belles.

1138. *Bursaba.* — Tête barbue à droite ; dans le champ, poisson
et soc de charrue. ℞. Cavalier brandissant un épieu. AR. 4.
(ibid. lég. 64.).

1139. *Celsa.* — CEL. Tête imberbe à droite, deux poissons.
℞. Cavalier à droite tenant une palme dans la droite. Æ. 9.
(Ibid. lég. 23.).

1140. *Dripsa.* — Tête barbue à droite, trois caractères celti-
bériens. ℞. Cavalier à droite, la lance en arrêt. AR. 4. (Ibid.
lég. 111.).

1141. *Emporiae.* — Tête casquée à droite. ℞. ΕΜΠΟΡΙΤΩΝ.
Pégase en course, à droite. AR. 4. (Ibid. lég. 11.).

1142. — Autre, variété. AR. 4.

1143. *Gades.* — Tête d'Hercule à gauche. ℞. Poisson, légende
phénicienne. Æ. 4.

1144. — Même type. ℞. Etoile et croissant entre deux poissons,
légende phénicienne. Æ. 6.
Belle.

1145. *Helmantica.* — Tête barbue à droite, légende celtibérienne.
℞. Cavalier à droite, la lance en arrêt. AR. 4 (de Saulcy,
lég. 115.).
Deux pièces.

1146. *Obulco.* — OBVLC. Tête de femme à droite. L. AIMIL.

M. IVNI. AID. sur deux lignes entre une charrue et un épi.
Æ. 8.
Belle.

1147. *Oningis et Urso.* — Tête barbue à droite; derrière, le nom
d'Oningis. ℞. Cavalier à droite, tenant une épée à la main, au
bas le nom d'Urso. AR. 4. (Ibid. lég. 49 et 52.).
Deux pièces.

1148. *Urso.* — Tête imberbe diadémée à droite; dans le champ
une main. ℞. Sphinx mitré à droite. Æ. 7. (Ibid. lég. 52.).
Belle.

1149. *Segobriga.* — Tête jeune à droite; derrière, un croissant et
au bas la lettre M. ℞. Cavalier à droite, la lance en arrêt. AR. 4.
(Ibid. lég. 26.).

1150. *Incertaine.* — Tête imberbe à droite. ℞. Cavalier à gauche,
astre. Æ. 2 1/2.

Gaule.

1151. *Turones.* — Tête de Pallas casquée, à droite. ℞. TVR.
Cavalier, à droite, la lance en arrêt. AR. 3.

1152. *Massilia.* — Tête de Diane, à droite. ℞. ΜΑΣΣΑΛΙΗΤΩΝ.
Lion à droite. Dans le champ, AO. AR. 3 1/2.
Belle.

1153. — Tête casquée. ℞. Galère. — Autre. ℞. Dauphin. Æ.
1 et 3.
Deux pièces.

1154. — Autre. Æ. 4.

1155. — TURONES.—TVRONOS. Tête ceinte d'un bandeau,
à gauche. ℞. CANTOQIOVI. Cheval à gauche. AR. 3.

1156. *Remi.* — REMO. Têtes accolées des trois Gaules, à gauche.
℞. ATISIOS. Bige allant à gauche. Æ. 3.

1157. *Turnacum.* — DVRŃACOS. Tête de Pallas casquée, à
droite. ℞. Cavalier à droite, la lance en arrêt et portant une
palme dans la gauche. AR. 3.
Très-belle.

1158. *Cavari.* — Tête virile, à gauche. ℞. Cheval à gauche,
rameau. ℞. 2 1/2.

1159. .. V... M.... — Tête chevelue, à gauche. ℞. Lion courant.
Æ. 3.

1160. *Incertaine.*— ATEVLA. Buste ailé, à gauche. ℞. VLATOS.
Lion, à droite. Dans le champ, fleur, étoile et croissant. AR. 3.

1161. — Tête diadèmée, à droite. ℞. Cheval galoppant, à droite,
roue. AR. 5.

1162. — Tête casquée à gauche. ℞. Cheval. AR. 2.

1163. *Auercil* — FELIKOVIVS en caractères rétrogrades. Tête de cheval, à droite. ₰. Tête diadémée à droite. AR. 4.
Rare. V. Revue numismatique, 1839, page 321.

Italie.

1164. *Tuder.* — Main armée d'un ceste. ₰. TVTEDE rétrograde entre deux massues ; dans le champ, quatre globules. Æ. 8.
Triens.

1165. *Aesernia.* — VOLCANON. Tête de Vulcain, à gauche ; derrière, une tenaille. ₰. ...ERNIN... Bige à droite. Æ. 4.
Belle.

1166. *Campania.* — Tête laurée d'Apollon, à droite. ₰. ROMA. Cheval. Æ. 3. — Tête casquée, à droite. ₰. ROMA. Chien. Æ. 2.
Deux pièces.

1167. *Arpi.* — ΠΥΛ... Taureau cornupète, à droite. ₰. ΑΡΠΑΝΟΥ. Cheval nu galopant à droite. Æ. 4.

1168. *Tarentum.* — ΚΑΛ. Cavalier galopant à droite, armé d'un bouclier et de deux traits, lançant avec la main droite un javelot. ₰. ΤΑΡΑΣ. Taras sur le dauphin, et tenant un casque à la main ; au dessous, ΚΑΛ. AR. 5.

1169. *Metapontum.* — MET. Epi ; dans le champ, un rat. Mêmes types en creux. AR. 5.
Rare.

1170. *Paestum.* — Tête de Neptune ceinte d'un diadème, à droite. Trois globules. ₰. ΠΑΙS. Dauphin et globules. Æ. 3. *Quadrans.* — Tête de Bacchante ceinte de lierre, à droite. ₰. ΠΑΙS. Corne d'abondance entre deux grappes de raisin. Æ. 3. *Triens.*
Deux pièces.

1171. *Velia.* — Tête casquée de Pallas, à gauche. ₰. ΥΕΛΗΤΩΝ. Lion dévorant un cerf, à gauche. AR. 5.

1172. *Croton.* Trépied, cigogne. ₰. Trépied en creux. AR 5 1/2.

1173. — Autre, mêmes types. AR. 4 1/2.
Belle.

1174. *Terina.* — Tête de femme, à gauche. ₰. Victoire assise, à droite. AR. 5.

1175. *Rhegium.* — Têtes accolées des Dioscures, à droite. ₰. ΡΗΓΙΝΩΝ. Femme debout, tenant deux épis dans la main droite et la haste dans l'autre. Dans le champ, un croissant et les signes IIII. Æ. 3.
Belle.

1176. *Bruttium.* — Tête barbue et casquée, à gauche ; sur le casque, un Pégase. ₰ BPETTIΩN. Pallas tenant son bouclier à deux mains et la haste appuyée sur l'épaule gauche ; dans le champ, une chouette éployée. Æ. 7.

8

Sicile.

1177. *Agrigentum.* — Aigle déchirant un lièvre. ℞. AK... Crabe sur un monstre marin. AR. 3.

1178. *Catana.* — Tête barbue à gauche. ℞. KATANE. Foudre ailé. AR. 1.

1179. *Mamertini.* — Tête laurée, à gauche. ℞. MAMEPTINΩN. Homme nu et debout tenant un cheval par la crinière; dans le champ, la lettre II. Æ. 7.

1180. *Syracuse.* — Pégase à gauche. ℞. ΣΥΡΑΚΟΣΙΩΝ. Tête de Pallas casquée, à droite; dans le champ. AI. AR. 5.
Belle.

1181. — ΣΥΡΑΚΟΣΙΩΝ. Tête diadémée à droite; derrière, un arc. ℞. Lion à droite; au dessus une massue. Æ. 5.
Très belle.

1182. *Agathocles.* — ΣΟΤΕΙΡΑ. Tête de Diane pharétrée à droite. ℞ ΒΑΣΙΛΕΩΣ ΑΓΑΘΟΚΛΕΟΣ. Foudre ailé. Æ. 5 1/2.

1183. *Hiéron.* — Tête diadémée, à gauche. ℞. ΙΕΡΩΝΟΣ. Cavalier à droite, la lance en arrêt; dans le champ, N. Æ. 7.

1184. *Cossura.* — Cabire tenant un marteau. ℞. Légende phénicienne en deux lignes. Æ. 5. (Gesénius, pl. 39. H).

1185. *Melita.* — Tête voilée, à gauche. ℞. ΜΕΛΙΤΑΙΩΝ. Trépied. Æ. 5.
Trés belle.

Chersonèse Taurique.

1186. *Panticapeum* — Tête imberbe à droite. ℞. ΠΑΝΤΙ. Proue de navire, à gauche. Æ. 6.

Moésie inférieure.

1187. *Istrus.* — Deux têtes viriles imberbes, accolées, mais posées en sens contraire. ℞. ΙΣΤΡΙΗ. Aigle sur un dauphin. ℞. 4.

Macédoine.

1188. — Tête diadémée de Diane à droite. ℞. ΜΑΚΕΔΟΝΩΝ ΠΡΩΤΗΣ. Massue posée horizontalement et trois monogrammes, le tout dans une couronne de chêne. AR. 8.

1189. *Amphipolis.* — Deux pièces impériales. Æ. 4 et 6.

1190. *Neapolis.* — Masque de face, tirant la langue. ℞. ΝΕΟΠ. Tête de femme à droite. AR. 3.
Très-belle conservation.

1191. *Thessalonica.* — Huit pièces impériales. Æ. 3, 5 et 6.

1192. *Archelaüs.* — Casque à droite, dans un carré creux. ℞. Λ. Cheval à droite. AR. 3.
Rare.

1193. *Philippe II.* — Tête laurée de Philippe II, à droite. ℞. ΦΙΛΙΠΠΟΥ. Cavalier à droite, les cheveux flottants par derrière et tenant une palme dans la main droite. Au-dessous du cheval deux monogrammes. AR. 6.

1194. *Alexandre III.* — Tête jeune, couverte de la peau de lion. ℞. ΑΛΕΞΑΝΔΡΟΥ. Jupiter Aétophore assis à gauche. AR. 3.

1195. *Cassandre.* — Tête laurée à droite. ℞. ΒΑΣΙΛΕΩΣ ΚΑΣΣΑΝΔΡΟΥ. Trépied. Æ. 4.

1196. *Demétrius.* — Bouclier macédonien; au milieu un foudre. ℞. BA. Casque à double aigrette. Æ. 3.
   Très belle.

Thrace.

1197. *Abdera.* — Griffon à gauche. ℞. Dauphin dans un carré. ℞. 3.

1198. *Trajanopolis.* — ΑΥ. ΚΑΙ. Μ. ΑΥΡΗ. ΑΝΤ.... Marc-Aurèle à droite. ℞. ΙΗΤΟΥΛΗΑΣ...ΑΥΓΟΥСΤΗС. ΤΡΑΙΑΝΗС. Château à trois tours. Æ. 8 1|2.

1199. *Lysimaque.* — Tête de Lysimaque à droite. ℞. ΒΑΣΙΛΕΩΣ ΛΥΣΙΜΑΧΟΥ. Pallas Nicéphore assise à gauche et appuyée sur un bouclier. Dans le champ un carquois. AR. 4.
   Très belle.

1200. *Thasus.* — Tête de Bacchus jeune, couronnée de lierre, à droite. ℞. ΗΡΑΚΛΕΟΥΣ ΣΩΤΗΡΟΣ ΘΑΣΙΩΝ. Hercule debout, la main droite appuyée sur une massue et la peau du lion sur le bras gauche. Dans le champ M. AR. 9.

Thessalie.

1201. — Tête de Jupiter laurée, à droite. ℞. ΘΕΣΣΑΛΩΝ. ΣΙΠΑΤΡΟΣ. ΓΟΠΑΣ. Pallas-Promachos. AR. 5.
   Belle.

1202. *Larissa.* — Homme arrêtant un taureau par les cornes. ℞. ΛΑΡΙΣΑΙ. Cheval galopant à droite avec sa bride flottante; dans un carré creux. AR. 4. P.
   Belle.

Illyrie.

1203. *Dyrrachium.* — Tête d'Hercule à droite. ℞. Pégase à droite; au dessous, la lettre Δ. AR. 2 1|2.

Epire.

1204. *Pyrrhus.* — Tête de Cérès à gauche. ℞. ΒΑΣΙΛΕΩΣ ΠΥΡ-ΡΟΥ. Minerve d'Ithone à gauche. AR. 4.

1205. *Corcyra.* — Vase. ΚΟΡΚ. Etoile. AR. 3.
   Belle.

Acarnanie.

1206. *Thyrreum.* — Pégase ; au dessous , Θ. ₽. Tête de Pallas casquée, à gauche ; dans le champ, ΘΥ.
Très belle.

Phocide.

1207. — Tête de bœuf, de face. ₽. Partie antérieure d'un sanglier, à droite. AR. 1.

Boëotie.

1208. — Tête de Cérès de face. ₽. Neptune. Æ. 4.
1209. *Thebae.* — Bouclier béotien... ₽. ΘΕ. Canthare, au dessus, une massue. AR. 2.
Belle.

Attique.

1210. *Athenae.* — Tête de Pallas coiffée d'un casque orné de feuilles d'olivier, à droite. ₽. ΑΘΕ. Chouette à droite ; dans le champ, une branche d'olivier. AR.
Très belle.
1211. — Mêmes types. AR. 3.
1212. *Aegina.* — Tortue. ₽. Carré creux formant cinq compartiments inégaux. AR. 2.
1213. — Autre. AR. 1 1/2.

Achaïe.

1214. — Tête de l'Achaïe à gauche ; monogramme. ₽. Pégase, au dessous le *Koph.* AR. 2. — Autre. AR. 3.
Deux pièces.
1215. — AP. Tête de Pallas casquée , à gauche ; derrière , une petite figure dans une couronne. ₽. Pégase, *Koph.* ΔR. 5.
Belle.
1216. — Même tête casquée ; derrière, une petite victoire. ₽. Pégase volant ; dessous, *Koph.* AR. 5.

Argolide.

1217. — Partie antérieure d'un loup, à gauche. ₽. AP. La lettre A ; au dessous, un croissant. AR. 2 1/2.

Arcadie.

1218. — Jupiter Actophore, à gauche ; dans le champ, une torche. ₽. Tête de femme dans un carré creux. AR. 3.
Ancien style, rare.

Eubée.

1219. *Chalcis.* — Tête de femme, à droite. ℞. ΛΛΧ. Aigle déchirant un serpent, couronne. AR. 3 1/2.

Chypre.

1220. *Ptolemée I, Soter.* — Tête diademée, à droite. ℞. ΒΑΣΙ-ΛΕΩΣ ΠΤΟΛΕΜΑΙΟΥ. Aigle debout à gauche. Dans le champ ΠΑ (Paphos.), et la date L. ΙΘ. AR. 6.

Rois d'Egypte.

1221. *Ptolemée I?* — Tête laurée de Jupiter à droite. ℞. ΠΤΟΛΕ-ΜΑΙΟΥ ΒΑΣΙΛΕΩΣ. Aigle éployé sur un foudre, à gauche. Dans le champ, bouclier ovale et monogramme. Æ. 8.

1222. *Ptolemée incertain.* — Mêmes types, corne d'abondance, étoile entre les pattes de l'aigle. Æ. 12. — Autre avec Σ au lieu l'étoile. Æ. 10. — Autre avec ΔΙ. Æ. 9. — Autre avec P. Dans le champ, bouclier et Σ. Æ. 8.
Quatre pièces.

1223. — Même tête. ℞. Aigle regardant vers la droite et portant une corne d'abondance sur son aile gauche. Æ. 12, 11 et 4.
Trois pièces.

1224. — Mêmes types; massue dans le champ. Æ. 9. — Autre. Æ. 6. — Autre. 4.
Trois pièces.

1225. — Même tête. ℞. Entre les pattes de l'aigle, ΕΥΑ. Æ. 5. — Autre. Sceptre sur l'aile gauche de l'aigle. Æ. 8.
Deux piéces.

1226. — Tête d'Isis, couronnée d'épis. ℞. Aigles. Monogramme. Æ. 7.
Deux piéces.

1227. — Tête barbue d'Hercule, à droite. ℞. Aigle. Æ. 5. — Autre, avec un sceptre transversal sur l'aile gauche. Æ. 6. — Autre, deux globules entre les pattes de l'aigle. Æ. 3.

1228. — Tête de Jupiter-Ammon, à droite. ℞. ΒΑΣΙΛΕΩΣ ΠΤΟΛΕΜΑΙΟΥ. Isis vêtue de la *stola*, debout sur une base, la tête surmontée d'une tour. Æ. 3.
Jolie pièce bien conservée.

1229. — Même tête. ℞. Fleur du *lotus.* Æ. 2.
Deux pièces.

Coins modernes.

1230. *Alexandre le Grand.* — Tête coiffée de la peau de lion. ℞. Jupiter-Aétophore, assis à gauche. AR. 9.

1231. — Autre. AR. 8.

1232. — ΘΕΑ ΦΑΥCΤΕΙΝΑ ΜΗΤΡΟΠΟΛΕΩΝ ICΑΥΡΩΝ.
Faustine, à droite. ℞. M. ΓΑΛ. ΑΝΤΟΝΕΙΝΟC ΑΥΤΟΚΡΑ-
ΤΟΡΟC ΑΝΤΩΝΕΙΝΟΥ ΥΙΟC. Galerius Antoninus, à droite.
Æ. 10.

1233. — Tête diadémée, à gauche. ℞. ΒΑΣΙΛΕΩΣ ΕΥΑΓΟΡΑ...
ΚΥΠΡΙΩΝ. Aigle sur un foudre ; au-dessus Δ ; le tout dans une
couronne de laurier. PL. 9.

1234. — Tête barbue coiffée d'une tiare, à gauche. ℞. Le roi
Vologèses assis ; devant lui, une femme debout, *Dillon*.

FIN.

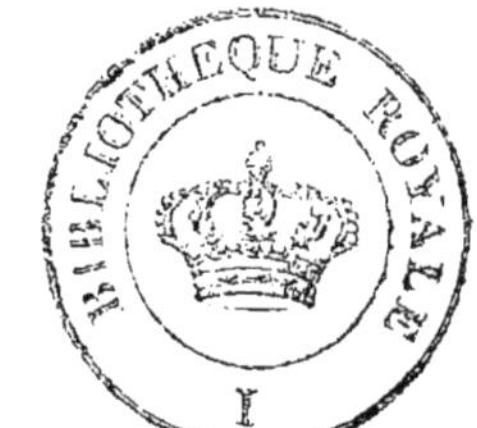

Imprimerie MAULDE et RENOU, rue Bailleul, 9 et 11.